PALABRAS AL VUELO

Amelia del Castillo Martín

PALABRAS AL VUELO

© Amelia del Castillo Martín, 2012
© Ediciones Baquiana. Colección *Senderos de la narrativa*, 2012
Todos los derechos reservados. All rights reserved.

Prohibida la reproducción total o parcial de esta obra, por cualquier medio o procedimiento informático, comprendidos la reprografía, la fotocopia y la grabación, sin la previa autorización del autor y de la editorial, de acuerdo con las sanciones establecidas por las leyes.

Primera edición: Enero de 2012

Publicado por:
Ediciones Baquiana
P. O. Box 521108
Miami, Florida. 33152-1108
Estados Unidos de América

Correo electrónico: **info@baquiana.com**
Dirección virtual: **http:// www.baquiana.com/ediciones**

ISBN: 978-1-936647-05-7

© **Carlos Quevedo, 2012. Diseño de portada y contraportada.**
Todos los derechos reservados. All rights reserved.

Impreso en los Estados Unidos de América.
Printed in the United States of America.

PALABRAS INICIALES

La poesía de Amelia del Castillo ha sido aplaudida por la lírica e íntima subjetividad de sus búsquedas poéticas. *Palabras al vuelo* no es un libro de versos, pero es innegable que la sensibilidad con que Castillo escribe sobre los poetas y cuestiones que elucida en este volumen emana de la misma visión personal que conforma su poesía.

Los diecinueve textos de *Palabras al vuelo* recorren el pensamiento crítico-poético de Castillo a partir de 1978, subrayando el impacto del exilio en sus circunstancias vitales y en su visión poética. La sombra del exilio se proyecta sobre los tres apartados que conforman el libro, y en los que agrupa sus lecturas sobre poetas hispanos, el tema del exilio en sí y el concepto de la Belleza y lo Sublime en Burke y el Judaísmo y los profetas bíblicos.

De manera emblemática, por ser Castillo cubana y exiliada, el primer poeta que sondea es José Martí, el exiliado-fundador de la nación cubana, y exiliados son también todos los autores que glosa en los ensayos de este apartado. El impacto político y literario del destierro martiano en USA reclamaba la primacía de centrar el primer ensayo en su poesía y su visión de Walt Whitman. El segundo y tercero comentan a otros dos poetas marcados también por sus vivencias de expatriados: Alfonso Reyes y Gabriela Mistral; los últimos los enfoca en poetas del presente exilio cubano: Agustín Acosta, Lucas Lamadrid, Adela Jaume, Pura del Prado, Salvador Subirá, Ana Rosa Núñez, Martha Padilla, Elena Iglesias, Ángel Cuadra y Orlando Rossardi. De los dos apartados siguientes, el primero repasa el exilio en cinco ensayos: la expresión del tema en varios poetas, el exilio hispano y su relación con la cultura estadounidense, la función de la censura oficial y de la auto-censura, el entorno y la autocensura en poetas cubanas exiliadas, y el tema de la libertad en escritoras cubanas. Los dos textos del segundo apartado, el último del libro, se alejan de esta temática, examinando el primero la función de los conceptos burkianos sobre lo Sublime y la Belleza en *El cuervo* de Poe, y el segundo, el Judaísmo, los profetas y las profecías bíblicas en el cristianismo.

Palabras al vuelo es una iluminadora lectura personal del exilio cubano, pero más que todo es una reflexión sobre las dos grandes vivencias que han marcado el día a día del destierro de Amelia del Castillo y de tantos otros escritores cubanos que han compartido su experiencia.

María A. Salgado
University of North Carolina - Chapel Hill.

Palabras al vuelo no tiene –ni pretende tener– el rigor de la ensayística. Sus páginas, leídas en tantos y tan distintos lugares, no son más que un atrapar de ideas, un relampagueante indagar en voces y temas fascinantes. Sometiéndolas hoy a la formalidad de un libro, las suelto, las doy. Ojalá sirvan de polen o semilla para ideas e indagaciones de más alto y preciso vuelo.

WALT WHITMAN Y JOSE MARTÍ

Estas breves cuartillas, escritas originalmente en inglés para estudiantes de Literatura Norteamericana, no intentan ahondar en la obra de dos grandes poetas. Mi intención es resaltar la impresión que causó el poeta y escritor norteamericano Walt Whitman (1819-1892) en el prócer, poeta y escritor cubano, José Martí (1853-1895) y, sobre todo, repasar su magnífico ensayo, "Walt Whitman".

Para lograr esto es preciso que nos traslademos al New York de 1887. El New York de Martí donde el periodista, escritor, profesor, poeta y exiliado cubano soñaba y se empeñaba en lograr la independencia de Cuba.

No resulta difícil comprender el interés de Martí por Walt Whitman, si recordamos que no sólo conocía y admiraba su obra, sino que estando al tanto del movimiento artístico-literario de New York, es lógico que en una u otra ocasión coincidieran en algún sitio.

Interesada en el tema, indago en las páginas de "Cuadernos de Apuntes" de Martí sobre la belleza del paisaje de las montañas Catskills –centro de veraneo y restablecimiento donde se aisló en 1890 por recomendación de sus médicos– y en la Internet, donde encuentro el trabajo del ensayista cubano Rodolfo Sarracino, "José Martí en el Club Crepúsculo de New York: en busca de la Patria de Lincoln" con datos más amplios sobre el Club Crepúsculo (Twilight Club), frecuentado por escritores, pintores, poetas y personalidades del momento y del que fueron miembros Whitman y Martí.

Encuentro también el ensayo del escritor Francisco Javier Blasco Pascual, Profesor de la Universidad de Valladolid, sobre *Proyecto ALERTA* de Juan Ramón Jiménez, donde cita de este libro de Juan Ramón (inédito y manuscrito). Efectivamente, al día siguiente de la "apoteosis" a la que alude Juan Ramón, escribió Martí su ensayo "Walt Whitman", donde vuelca su admiración por la recia personalidad del poeta norteamericano, por su desafiante poesía y por su identificación con la defensa de la libertad y la democracia. Defensa que gritaba al mundo Whitman en su fustigante prosa e innovadora poesía; en su apoyo al humilde y en su convivencia con campesinos, obreros, pescadores, marineros y trabajadores de hospitales y vías ferroviarias.

Siguiendo el pensamiento martiano y las avanzadas ideas del escritor norteamericano abro *The American Tradition in Literature* (del cual serán todas las citas de Walt Whitman), leyendo y releyendo las páginas dedicadas a Whitman, "Pioneers of New Poetry: Walt Whitman", "Democratic Vistas", "Preface to Leaves of Grass", "Song of myself".

En "Democratic Vistas", escrito al terminar la Guerra Civil, Whitman denuncia la falta de oportunidades y reconocimiento a las mujeres en aquel momento, y pide mejores y más estrechas relaciones entre los Estados Unidos y los países de la América Latina:

> Yo demandaría un programa de cultura no sólo para una clase social, sino teniendo en cuenta a los campesinos, los obreros y la perfecta igualdad de las mujeres (005).

> En vano hemos anexado Texas, California, Alaska, y fijamos la vista en Canadá al norte, y en Cuba al sur. (…)

Es como si hubiéramos logrado un cuerpo fuerte y bien plantado, para quedarnos luego con muy poca alma... o quizás ninguna (999).

En su Prefacio a **Leaves of Grass**, expresa:

Ama la tierra, el sol, los animales (...) date a todo el que te necesita, defiende al estúpido y al loco, comparte con otros dinero y tiempo, odia a los tiranos, no discutas sobre Dios, ten piedad y paciencia (893).

Y mucho tiene que decir sobre la libertad, derecho inalienable del hombre:

La libertad radica en sí misma, no invita a nadie; no promete nada; se asienta en la paz y en la luz; es positiva y no se desesperanza (...) Cuando la libertad se pierde, no es la primera, ni la segunda, ni la tercera en irse. Se va cuando todo lo demás se ha ido. Es la última en irse (...) Cuando toda vida, y todas las almas de hombres y mujeres desaparezcan del mundo, entonces y sólo entonces desaparecerá del mundo el instinto de la libertad (898/899).

¿No está expresando Walt Whitman las ideas y palabras de José Martí? ¿No compartían estos dos poetas los mismos ideales?

Como el tiempo no me permite extenderme en las fascinantes vidas de Whitman y Martí y en lo que ambos representaron en lo social y en lo literario, acerquémonos un poco a la poesía de Walt Whitman.

La vida, el hombre, la naturaleza, los pobres y los desamparados fueron sus temas recurrentes.

Su poesía resultaba nueva y refrescante al darle el poeta poca importancia a la rima y la métrica, expresándose en vívidas e intrépidas imágenes con un total dominio del ritmo y de las palabras. Adelantándose a su tiempo hizo a un lado todo lo tradicional, trillado y conocido para seguir el camino de sus ideas y propósitos.

En su largo poema "Song of Myself", incluído en ***Leaves of Grass***, escribe:

> Soy el poeta del cuerpo y el poeta del alma. Los placeres del Cielo están en mí, y las dolores del Infierno están en mí (921).
>
> ¡Mirad! No doy discursos ni limosnas. Cuando doy, me doy yo (941).
>
> La mano de Dios es la promesa de mi mano, y el espíritu de Dios es hermano de mi espíritu (909).

Tanto para repasar la obra de Walt Whitman como para acercarnos al propósito de mi trabajo necesitamos preguntas y respuestas.

¿Era Whitman en aquel momento considerado un buen poeta? ¿Cuál fue el impacto de su poesía cuando todavía se seguía y admiraba el tradicionalismo de poetas mayores y famosos como Poe y Longfellow?

Lo cierto es que en 1900 se le llamó "excéntrico", "salvaje", "exótico" y hasta "egotista", sin comprender que cuando el poeta habla de sus manos, su cuerpo y sus sentimientos, está hablando de las manos, el cuerpo y los sentimientos de todos los hombres. Como bien se ha dicho, el YO y el MI en "Song of Myself" deben tomarse como cósmicos y genéricos.

Muy pocos se le acercaron apreciando su obra; entre ellos Thoreau, Bronson Alcott, John Burroughs y Waldo Emerson, quien no sólo le escribe "le doy la bienvenida al comienzo de una gran carrera" tan pronto lee el inédito poemario, sino que lo visita al salir la primera edición de *Leaves of Grass*.

Puede decirse que Walt Whitman fue, en un momento u otro, ignorado y admirado; criticado y considerado un precursor. En 1881 el libro fue considerado obsceno, y en Inglaterra, tan tarde como 1910, se le incluye en una antología como "diferente", dándole poca importancia a su poesía.

Sin embargo –y entro ya en el tema que quiero resaltar–, el 19 de abril de 1887 José Martí escribe en New York para el diario mexicano de amplia difusión, "El Partido Liberal", el famoso ensayo que dio a conocer al poeta norteamericano en España y la América Hispana. Vale recordar que Rubén Darío incluye en su primer libro un soneto dedicado a Walt Whitman.

El ensayo de José Martí no sólo atrajo la atención de poetas, críticos y escritores que de pronto descubrían a Whitman, sino que fue incluído en la seleción de obras de Martí traducida y publicada ampliamente.

¿Qué dijo Martí de Walt Whitman en 1887, cuando escritores ingleses y norteamericanos le consideraban todavía una curiosidad, un excéntrico, un poeta salvaje?

Veamos a Walt Whitman a través de la vibrante y rica prosa que despliega el poeta cubano en su ensayo "Walt Whitman" (*José Martí-Páginas Selectas*).

"Sólo los libros sagrados de la antiguedad ofrecen una doctrina comparable, por su profético lenguaje y su robusta poesía" (98).

"Acaso una de las producciones mas bellas de la poesía contemporánea es la mística trenodia que Whitman compuso a la muerte de Lincoln (...) Es mucho más hermoso, extraño y profundo que *El cuervo* de Poe. El poeta trae al féretro un gajo de lilas" (102).

"Él no infla tomeguines para que parezcan águilas; él riega águilas cada vez que abre el puño, como un sembrador riega granos (...) Un verso tiene cinco sílabas; el que le sigue cuarenta, y diez el que le sigue (...) Sus versos van galopando (...) y relinchan como cargados sementales" (113).

"Los hombres se dejan marcar, como los caballos y los toros, y van por el mundo ostentando su hierro; de modo que cuando se ven delante del hombre desnudo, virginal, amoroso (...) cuando se ven frente a un hombre como Walt Whitman huyen como de su propia conciencia" (99).

"Él ama a los humildes, a los caídos, a los heridos, hasta a los malvados. No desdeña a los grandes, porque para él sólo son grandes los útiles" (109).

"Cuando el esclavo llega a sus puertas, perseguido y sudoroso (...) lo sienta a su mesa; en el rincón tiene cargada la escopeta para defenderlo; si se lo vienen a atacar, matará a su perseguidor y volverá a sentarse a la mesa, como si hubiera matado una víbora" (110).

Muy lejos de las palabras de Martí estaba la intelectualidad de la época cuando, ante tanta indiferencia, el escritor inglés Robert Buchanan les grita a los escritores norteamericanos:

"¿Qué sabéis ustedes de literatura cuando pasan ignorando la grandeza que le corresponde a vuestro Walt Whitman?" (100).

No lo ignoró José Martí, quien deslumbrado por la robusta prosa y el verso indómito de Walt Whitman despierta con su ensayo el interés y la curiosidad de la intelectualidad del momento, que comienza a leerlo.

Logrado mi objetivo, me salgo del tema con un comentario al margen: no fue Whitman ni el primero, ni el último de los poetas en ser desestimado por los suyos. Sabemos que tardaron mucho los cubanos en reconocer la grandeza que le corresponde a José Martí como poeta, ensayista y periodista.

Si no bastara su obra, bastarían las palabras de reconocidas figuras que a la muerte del poeta cubano gritaron al mundo la grandeza del hombre que la América había perdido.

Permítanme compartir con ustedes unas pocas líneas de artículos, ensayos y libros sobre José Martí:

Ruben Darío:

"Cuba, la sangre de José Martí no les pertenece. Pertenece al mundo."

Emil Ludwing:

"Si las ideas de Martí se hubieran traducido a todos los idiomas, él sería hoy el guía espiritual del mundo."

Guillermo Díaz Plaja:

"Gigantesco fenómeno de la lengua hispánica."

Gabriela Mistral:

"Todo es agradecimiento en mi amor a Martí: gratitud hacia

el escritor que es el maestro americano más ostensible de mi obra."

Juan Ramón Jiménez:

"Whitman, más americano que Poe, vino a nosotros, los españoles todos, por Martí."

Confío en que estas breves cuartillas les hayan acercado un poco más a Walt Whitman y a José Martí, dos grandes poetas que sobresalen, no sólo en las literaturas norteamericana y cubana, sino en las páginas doradas de la Madre Literatura.

St. Thomas University - English, 1980.
The Palace Suites Theater, English Lecture, 2008 (Ampliado).

ASOMÁNDONOS A ALFONSO REYES

Confieso que al escoger a Alfonso Reyes como tema de este trabajo pensé limitarme a rozar su obra poética; pero no es posible hablar de este escritor, uno de los más brillantes y completos de Hispanoamérica, sin volver la mirada al diplomático, al ensayista, al hombre que dejó una obra de tal magnitud y alcance que le ha valido el nombre de "el mexicano universal".

Así, antes de asomarnos a su obra, acerquémonos al niño y al hombre que fue Alfonso Reyes.

Nace en Monterrey, México, en 1889 y muere en la ciudad de México en 1959. Crece en un ambiente libre de penurias, pero no de sobresaltos. Es el México del acontecer violento y el desfile de ávidos gobernantes. El México que se desangra en luchas fratricidas.

Alfonso Reyes, que vive muy de cerca estos acontecimientos, siente un amor y una admiración extraordinarios por su padre, el General Bernardo Reyes, caudillo militar que alcanzó una significación política comparable a la de Porfirio Díaz, y figura que aparece muchas veces en la obra del escritor y diplomático mexicano.

El General Reyes es el héroe de gesto recio, de barba patriarcal, de sueños limpios y moral a flor de piel. El guerrero romántico, o el romántico guerrero, que hace ratos para leer versos. El padre héroe que le roba la patria.

En "Oración del 9 de febrero", dedicada a la trágica muerte del General mexicano, nos da Alfonso Reyes un ejemplo de amor filial impregnado de humanidad y de serena belleza:

"el poeta a caballo entraba por la humanidad repartiendo actos que no eran más que otros tantos sueños..."

"¿Dónde hemos hallado el airón de esa barba rubia, los ojos zarcos y el ceño poderoso? Las cejas pobladas de hidalgo viejo, la mirada de certero aguilucho que cobra sus piezas en el aire, la risa de conciencia sin tacha y la carcajada sin miedo..."

"Allí, entre los dos ojos; allí donde botó la lanza enemiga, allí se encuentran la poesía y la acción en dosis explosivas..."

"Tronaron otra vez los cañones. Y resucitado el instinto de la soldadesca, la guardia misma rompió la prisión. ¿Qué haría el romántico (...) sino saltar sobre el caballo otra vez y ponerse al frente de la aventura, único sitio del poeta?"

"Cuando la ametralladora acabó de vaciar su entraña, entre el montón de hombres y caballos el mayor romántico mexicano había muerto."

De su niñez en la casona familiar y de su cabalgar por campos floridos son los pictóricos poemas "Glosa de mi Tierra" y "Los caballos", donde están vivos los recuerdos de la infancia y del padre-ídolo:

¡Cuántos caballos en mi infancia!
Atados de la argolla y cabezada
en el patio de coches de la casa (...)
Me hacían jinete y versero
el buen trote y sus octosílabos
y el galope de arte mayor,
mientras las espuelas y el freno
me iban enseñando a medir el valor (...)
Mi segundo caballo

se llamaba Lucero y no Petardo (...)
Y luego se confunden las memorias
de la cuadra paterna,
uno el Gallo, de charol lustroso,
otro se llamaba el Carey (...)
y aquel otro Lucero en que él vino a morir
bajo las indecisas hoces de la metralla.
Lo guardaron como reliquia,
como mutilado de la patria...

En "Glosa de mi tierra", con marcada influencia del Juan Ramón Jiménez sencillo y tierno de "Novia del campo, amapola/ que estás tirada en el trigo...", encontramos la sencillez del poeta que no tiene que barajar palabras altisonantes para hacer poesía:

Aduerma el rojo clavel
o el blanco jazmín las sienes
que al dardo sólo desdenes
y sólo furia al laurel (...)
Al pie de la higuera hojosa
tiene el manto la alfombrilla
crecen la anacua sencilla
y la cortesana rosa,
donde no la mariposa
tornasola el colibrí...

En sus años juveniles, con Pedro Henríquez Ureña, José Vasconcelos y otros escritores, funda Alfonso Reyes el Ateneo de la Juventud, luego Ateneo de México. Impulsados por la renovación y el despertar literario que los movía, vuelven la mirada estos jóvenes escritores a toda la América, a Europa y, sobre todo, a los clásicos. A la Grecia que va a ser ya, para siempre, fuente de inspiración y de estudio para el escritor-poeta.

Educado desde muy niño en el Liceo Francés y graduado luego por la Facultad de Derecho de la Universidad de México, es elegido Secretario de la Facultad de Altos Estudios de la misma. Profesa más tarde la cátedra de Historia de la Lengua y Literatura Españolas. Miembro del Cuerpo Diplomático de su país, se aleja de México en 1913 designado sucesivamente a las Legaciones de México en Francia y en España, trabajando en ésta bajo la dirección de Menéndez Pidal en el Centro de Estudios Históricos. Dentro del servicio diplomático, se desenvuelve como Ministro en Francia y en España, y como Embajador en Argentina y Brasil.

A su regreso a México ocupa las posiciones de Presidente de la Casa de España y Presidente de la Academia Mexicana de la Lengua. En 1945 obtiene el Premio Nacional de Literatura y es candidato al Premio Nobel.

Asomados apenas a su obra y al Alfonso Reyes niño y hombre, ¿cómo asomarnos al escritor? Sigamos por un momento a Anderson Imbert y Florit quienes nos dicen –y escojo a saltos:

> "Alfonso Reyes es uno de los más brillantes escritores de Hispanoamérica (...) Sus versos y sus prosas forman cristalina unidad (...) Es ahora evidente para todos que estamos frente a uno de los mayores escritores de la lengua (...) Es erudito en el campo filológico y chispeante en la ocurrencia divertida (...)
> Escribe poemas y penetrantes glosas críticas (...) Es un escritor clásico por la integridad de su vocación, por su serena fe en la inteligencia, en la caridad y en los valores eternos del alma (...) Su pluralidad no se mide por el vasto repertorio de sus motivos, sino por la riqueza estilística de cada giro."

Y en verso, nos dice Jorge Luis Borges,

"Reyes, la indescifrable providencia
que administra lo pródigo y lo parco
nos dio a unos el sector o el arco,
pero a ti la total circunferencia"

Y Octavio Paz, en prosa,

"El amor de Reyes al lenguaje, a sus problemas y sus misterios, es algo más que un ejemplo: es un milagro"

Milagro y total circunferencia es este quehacer inquieto que va de la poesía al cuento, la novela, el teatro, el ensayo y que, como el azogue, escapa para volcarse en lo que da la orientación a toda su obra: la cultura clásica, la investigación teórica de la literatura, y el estudio de las obras españolas, francesas, inglesas y mexicanas.

De esta incesante e increíble labor de más de 200 obras, sobresalen los ensayos "La crítica en la edad ateniense", "Panorama de la religión griega", "Estudios Helénicos", "Horizonte económico en los albores de Grecia", "Cuestiones gongorinas", "La experiencia literaria", "Cuestiones estéticas" y "Visión del Anáhuac".

Presenta, para el público culto de Europa y América una imponente galería de estudios. Desde Alarcón y Sor Juana hasta Fray Servando, Justo Sierra, Nervo, Urbina y otros muchos escritores de su patria.

No sólo traduce a autores ingleses y franceses, sino que hace suyos idiomas aprendidos en la niñez, y escribe en inglés, "Juan Ruiz de Alarcón", y en francés, "L´evolution du Mexique" y "Simples Rémarques sur le Mexique".

Si México está unido al conjunto de la América Hispana, esa América lo está al mundo entero, y lo recorre Alfonso

Reyes tocando todos los temas. Se adentra en la Literatura Universal, en la Filología, la Estética y la Filosofía, para saltar con soltura a la anécdota simpática y a ratos mordaz. Asomados ya al hombre, al escritor y a su obra, acerquémonos a su voz poética, siempre lírica y clara. El poema "Yerbas de Tarahumara" es una bellísima estampa del sufrido indio mexicano:

> Han bajado los indios tarahumaras
> y es señal de mal año (...)
> Mal año en la montaña,
> cuando el grave deshielo de las cumbres
> escurre hasta los pueblos la manada
> de animales humanos con el hato a la espalda...

En el poema "Salambona", escrito en Río de Janeiro, no puede el poeta desprenderse de esa voz interior que lo devuelve siempre a su tierra y a su infancia:

> ¡Ay Salambó, Salambona
> ya probé de tu persona! (...)
> ¿Y sabes a lo que sabes?
> Sabes a piña y a miel
> sabes a vino y a dátiles,
> a naranja y a clavel (...)
> A moza junto a la fuente,
> que cada noche es mujer (...)
> Sabes a lo que sabía
> la infancia que se me fue...

En "Gaviotas", de hondo lirismo, nos dice el poeta:

> Pero si quieres volar
> —me decían las gaviotas—

¿qué tanto puedes pesar? (...)
Al tenderme boca arriba
como al que van a enterrar,
el cielo se me echó encima
con toda su inmensidad (...)
Allá abajo, los amigos
se empezaron a juntar.
¡Mi ropa estaba en la arema
y yo no estaba en el mar! (...)
Comprendí que estaba muerto
cuando los oí llorar.

Imposible pasar por alto la "Cantata en la tumba de Federico García Lorca", escrita y representada en Buenos Aires en 1937. De este poema largo escojo unas pocas estrofas, no sólo por su belleza e intensidad, sino por el juego de palabras y de imágenes que identifican de tal forma al poeta mexicano y al andaluz, que nos hace pensar que está Alfonso Reyes plantado allí, en Andalucía, para cantarle al poeta hermano en su misma lengua de limoneros, verdes, carabineros, corazón y sangre de España.

La novia	Junta y apila en la silvestre tumba los fragantes limones y naranjas la carne cristalina de las uvas gusto seco de nueces y castañas....
El Guardia	Y el trueno, fruto de la carabina.
La madre	¡Pero tu sangre, tu secreta sangre, Abel, clavel tronchado!
La novia	Que de noche lo mataron

Amelia del Castillo Martín

                 al caballero, la gala de Granada,
                 la flor del suelo.

La hermana   En Fuentevaqueros
                 nació la gala:
                 traía cascabeles
                 entre las alas.

El padre   Madre de luto, suelta tus coronas
                 sobre la fiel desolación de España.
                 Ascuas los ojos, muerte los colmillos....

La madre   ¡Pero tu sangre, tu secreta sangre!
                 ¡Pero tu sangre, tu secreta sangre!
                 ¡Pero tu sangre, tu secreta sangre,
                 Abel, clavel tronchado...

Tanto que decir, y sólo hemos podido asomarnos a quien, moldeado y lacerado por nuestra América Hispana, contribuyó a engrandecer la parte de historia que le tocó vivir.

Al diplomático, al ensayista, al poeta, al novelista, al mexicano universal que encumbró la Literatura llevando siempre Patria y raíces en la mirada, la voz, el verso, la palabra.

St. Thomas University (Biscayne College),
Miami, Florida., 1981.
Instituto Cultural Hispano-Americano,
Koubek Center, University of Miami. 2006 (Ampliado).

UNA MIRADA A LUCILA GODOY ALCAYAGA: GABRIELA MISTRAL

Hoy quiero acercarlos a Gabriela Mistral, y comienzo recordando el origen del pseudónimo que dio a conocer como escritora a Lucila Godoy Alcayaga. Se ha elaborado sobre la posibilidad de haber tomado el nombre del Arcángel Gabriel por asomar la Biblia en toda su obra, o de Gabriele D´Annunzio, uno de sus poetas favoritos. ¿Por qué no pensar que reunió a los dos Gabrieles en el GABRIELA que hizo suyo?

Sí podemos afirmar, sin duda alguna, que el "mistral" lo tomó del viento, y no del poeta provenzal Federico Mistral como en alguna ocasión se ha dicho. A esta certeza nos lleva la misma Gabriela cuando nos dice:

> "Me gusta/ caminar con él, seguirlo/ hablarle a hechos, decirle/ viejas palabras mimosas/ Él tiene cuarenta nombres / **y uno le robé sin miedo**..."

Si no fuera esto suficiente, bastaría con seguir escuchándola:

> "Yo he adorado siempre al viento (…) Se me ocurrió así buscar un nombre de viento que pudiera ser de persona y encontré el **Mistral**..."

Agregando algo muy revelador:

> "Una vez tuve que mentir (…) El Presidente de Francia me interrogó si el nombre lo había adoptado por Federico

Mistral a lo que respondí que sí, porque en aquel momento no era posible responder otra cosa..."

Para acercarnos a la obra de Gabriela Mistral es imprescindible situarla geográfica, histórica y literariamente. Geográficamente la situamos en Vicuña, Provincia de Coquimbo, Chile; y del soberbio y arisco paisaje andino que le pertenece nos detenemos en Monte Grande, pueblecito del Valle de Elqui que Gabriela consideró siempre su tierra.

Histórica y literariamente la situamos en el período de tiempo que transcurre entre el siete de abril de 1889, fecha de su nacimiento, y el dos de enero de 1957, fecha de su muerte en New York.

Finaliza el siglo XIX, asoma el XX revolviéndolo todo, y comienzan los escritores a dejar atrás lo exótico y extranjero para ver la realidad propia, que en Gabriela Mistral fue volver los ojos a su América.

La situamos, entonces, en el Postmodernismo, y creo importante recordar que la literatura femenina del siglo XIX no fue abundante.

Ampliamente conocidas –ampliamente, repito–, sólo Gertrudis Gómez de Avellaneda, Rosalía de Castro, Emilia Pardo Bazán... Y se da con Gabriela Mistral el gran milagro de nuestra literatura, cuando irrumpe en las letras hispanoamericanas en feliz coincidencia con Delmira Agostini, Alfonsina Storni, Juana de Ibarbourou, María Eugenia Vaz Ferreira y Dulce María Loynaz.

Por no olvidar a los poetas que estuvieron de una u otra manera cercanos a ella, recordemos a Alfonso Reyes, mexicano, que nace en 1889; Vicente Huidobro, chileno, en 1893; Jorge Luis Borges, argentino, en 1899 y Pablo Neruda, chileno, en 1904.

Al situar a Gabriela Mistral en el pedazo de historia que le tocó vivir, y al recordar a algunas de las figuras literarias que compartieron ese pedazo de historia de nuestra América Hispana, cabe asombrarse de tanto quehacer de primerísimo orden defendiendo la brecha abierta por Darío.

Y en esto de abrir caminos, preciso es recordar a José Martí entre los que lograron sacudir la indiferencia del Viejo Continente ante una literatura nueva, distinta y vigorosa que les llegaba desde la siempre marginada otra orilla.

Resulta tentador abundar en este descubrimiento de los poetas "americanos", pero el tiempo (o más bien la falta de tiempo) nos obliga a volver a su vida y su obra.

Sabemos la huella que dejan siempre los primeros años; eso tembloroso, ávido y permeable que llamamos infancia, y me pregunto –aunque de sobra conozco la respuesta–, ¿no son esas huellas, esas marcas, esas cicatrices, más determinantes aún en la sensibilidad y vulnerabilidad de un poeta?

Gabriela fue parte del espléndido paisaje que la naturaleza le regalaba y que no olvidaría jamás. Ese paisaje que, nos dice, recorre "sierra a sierra y río a río".

Cabe resaltar que en toda la obra y en todos los logros de Gabriela Mistral asoman las privaciones de la niña y la adolescente del pueblecito del Valle de Elqui que la vio nacer. Baste oirle decir:

> "Me llegaron tarde los libros de niños, por eso gusto de libros de láminas y de temas pueriles. Los miro, los leo con avidez como aquellos que llegan tarde a la mesa y por eso comen y beben desaforadamente (…) Nadie podrá devolverme, jamás, la alegría que me robaron."

> "Fui niña de aldeas y en ellas viví juntas la hambruna y la avidez de libros."

Pero también nos habla Gabriela de la riqueza inestimable que fueron para ella los cuentos folclóricos que le traían los viejos campesinos.

Más allá de la infancia sigue la vida marcando a Gabriela Mistral. Apenas comenzado su primer año fue expulsada de la Escuela Superior de Vicuña, acusada injustamente de robar material escolar. A la madre se le dijo entonces que su hija era una "débil mental". Una débil mental que lucha afanosamente hasta tomar el examen que le abre las puertas de la docencia. Una débil mental que leería luego, incansablemente, en español, francés, italiano, portugués e inglés; que hablaría de filosofía y del hambre en las aldeas; de sicología y de niños desvalidos; de historia y de cambios sociales; de geografía y de reforma agraria; de literatura y de analfabetismo. Una débil mental a quien le fue otorgado el Premio Nobel de Literatura en 1945.

La pobreza y el aislamiento geográfico y cultural de sus primeros años, y el ser mujer en Hispanoamérica al comienzo del siglo XX, obligaron a Gabriela a empinarse sola contra viento y marea. "En mi pobre vida no encuentro más que una cosa extraordinaria: el esfuerzo", nos dice.

A Gabriela se le ha descrito de maneras muy distintas. Los que la han visto a través de sus libros **Desolación** y **Ternura** se empeñan en describirnos a una mujer, tierna, dulce y desolada. A una madre frustrada.

No la veo yo así, y en esto coincido con los que compartieron con ella años de trabajo y vida. Basten, para comprobarlo, estos apuntes de escritores reconocidos. Menéndez y Pelayo nos dice:

"...parecía oír la voz de sus progenitores: un puñado de heroicos bárbaros y de colonizadores vascos."

Fernando Alegría, en su trabajo "Aspectos ideológicos de los recados de Gabriela Mistral", la describe:

"Era verdaderamente tan grande como una escuela, sonora, como un campanario (...) Pasaba por aldeas, pueblos y ciudades igual que un tren, despertando a la población, avisándoles que era hora de llegar y de partir."

En *Confieso que he vivido-Memorias*, de Pablo Neruda, nos cuenta el poeta chileno refiriéndose a los años 1920-1921:

"Por esos años llegó como directora del Liceo de Niñas de Temuco una señora alta y mal vestida (...) Cuando las damas de la localidad le propusieron que se pusiera sombrero –todas lo llevaban entonces– respondió: ¿Para qué? Sería como ponerle sombrero a la Cordillera de los Andes. Era Gabriela Mistral. Yo la veía pasar por las calles de mi pueblo con sus tacos bajos y sus ropones talares y le tenía miedo."

Benjamín Carrión nos dice,

"Yo he visto a Gabriela Mistral golpear rudamente la mesa y alzar reciamente la voz en discusiones con José Vasconcelos."

Pedro Salinas expresa:

"El tiempo en Gabriela no es el de los relojes, sino el de las mareas y las rocas."

Y se describe a sí misma Gabriela Mistral en carta a Alfonso Reyes:

"Salí de un laberinto de cerros y algo de ese nudo sin desatadura posible queda en lo que hago (...) Esto de haberse rozado en la infancia con las rocas es algo muy trascendental (...) Soy de las que llevan entrañas, rostro y expresión conturbados e irregulares a causa del injerto. Me cuento entre los hijos de esa cosa torcida que se llama experiencia racial, mejor dicho: una violencia racial."

¿Es ésta la imagen de una mujer tierna, de una madre frustrada? Gabriela Mistral fue más que madre porque fueron sus hijos todos los niños del mundo. Su poesía infantil, sus rondas, sus cuentos, son voz de madre y no grito y lágrima de mujer estéril. Voz también de la maestra rural, anticipada a su tiempo, que se empeña en cultivar en el niño el amor a la paz, a la belleza, al ritmo, a la poesía, al canto.

Canto para alegrar el patio de las escuelas; canto de cuna de verdadera madre para arrullar a Yin Yin, como llamó siempre a su sobrino Miguel.

Tampoco veo a Gabriela Mistral como la desolada mujer fiel a un único y primer amor. El suicidio de Romelio Ureta tuvo en su vida la importancia de un amor de juventud y la conmoción lógica que en ella causó el trágico hecho.

Palma Guillén, conocedora de Gabriela y de su obra, señala los poemas que corresponden a la etapa de ese primer amor: "El encuentro", "Dios lo quiere", "Los sonetos de la muerte" y "El ruego", entre otros. En ellos están el amor de una mujer muy joven, el desengaño, la traición y la muerte del amado.

Pero Palma Guillén identifica otros poemas como de una segunda etapa amorosa, donde el verso estrena el jugueteo, la ilusión, la caricia, citando, de "Amo amor":

Palabras al vuelo

Anda libre en el surco, late en el viento
late vivo en el sol y se prende al pinar.

Del poema "Íntima":

Y dirás, la amé pero no puedo
amarla más, ahora que no aspira
el olor de retamas de mi beso.

De "Condena":

¡Oh fuente de turquesa pálida!
¡Oh rosal de violenta flor!
¡Cómo tronchar tu llama cálida
y hundir el labio en tu frescor!

Y afilando el análisis, nos dice Palma Guillén que puede encontrarse un tercer episodio, el más profundo, intenso, desesperado, maduro, amargo y sabio, en los poemas "Éxtasis" y "Amor que calla", donde Gabriela nos dice:

Si yo te odiara, mi odio te daría
en las palabras, rotundo y seguro;
pero te amo y mi amor no se confía
a este hablar de los hombres, tan oscuro (…)
Estoy lo mismo que estanque colmado
y te parezco un surtidor inerte
¡todo por mi callar atribulado
que es más atroz que el entrar en la muerte!

Cita Palma Guillén como poemas de esta etapa, "Vergüenza", "Tribulación", "Desvelada", "Nocturno", "El poema del hijo", y se pregunta indagadora por qué incluye Gabriela todos estos poemas, de distintas fechas, en el libro ***Desolación***, y por qué hay en "El poema del hijo" –escrito en 1918– una estrofa que no le pertenece; que le fue añadida y que hace alusión al suicida como si el poema se refiriera a él, muerto en 1909. ¿Lo hizo Gabriela Mistral para confundir? ¿Por pudor? ¿Para dejar la imagen de mujer de un solo amor?

Y concluye Guillén: "Probablemente para unir en un hombre –el soñado– a los otros, y que sólo ella supiera y nadie más".

Yo no le doy importancia alguna a los amores de Gabriela Mistral que ni restan, ni añaden valor a su obra como poeta, como maestra, como embajadora de Chile ante el mundo El tema no va a limitar el tiempo que preciso para apenas acercarme a ella.

En *Tala* y *Lagar* está la Gabriela que se desnuda para darse tal y como es en los poemas "Una palabra", "Luto", "La desasida" y "La otra"; todos con la extraordinaria fuerza de las mujeres bíblicas del Viejo Testamento. Fuerza que hereda de ellas Gabriela Mistral.

No es mi intención ahondar en su poesía. Ya lo han hecho mejores voces; pero hay cosas tan determinantes, tan decidoras, tan ceñidoras que no podemos pasar por alto.

El pueblo chileno no conoció a Gabriela Mistral por sus éxitos literarios, sino por sus arengas feministas en el Club de Mujeres; por su agrarismo, por su cristianismo social, por su defensa de la mujer y del niño y por sus éxitos pedagógicos.

Fue a la maestra rural, a la directora de liceos, a la educadora anticipada a su tiempo, a quien llevó José Vasconcelos a México en 1922 para reformar la enseñanza de su país, devastado por doce años de guerra. Y es en México donde hace Gabriela Mistral dos descubrimientos que orientarían el rumbo de sus pasos y de su obra. De sus pasos, en el rostro de un indio mejicano con los rasgos del rostro de su padre muerto. De su obra, al descubrir a José Martí.

No conoce la hondura y reciedumbre de Gabriela Mistral quien no conoce su prosa, y ésta se nutrió –confiesa ella– de los grandes hombres de América: Bolivar, Sarmiento, Rodó y –nos dice– **"sobre todo, Martí"**.

No se confundan los que vean comunismo en las ideas avanzadas que le cerraron las puertas de la Escuela Normal en su juventud; o en su ardiente defensa del agrarismo y de las reformas sociales. Pacifista y contraria a totalitarismos, se dejó oír en su artículo anti-soviético "En defensa de Hungría" y en su "Palabras para la Universidad de Puerto Rico", donde, dirigiéndose al estudiantado en momentos de crisis revolucionaria advierte a la juventud de "la necesidad de la disciplina", abriéndole los ojos sobre "el socialismo que en confusa avalancha anega a las juventudes".

Significativo también es su distanciamiento de Pablo Neruda. Existió entre ellos respeto y admiración; pero, aparentemente, no la amistad que debió acercarlos tratándose de dos grandes escritores chilenos. Coincidieron ambos en Madrid, en México y en Chile en más de una ocasión, sin dejar evidencia escrita de haberse visto. Puede decirse que eludieron el encontrarse, escribirse y hasta nombrarse mutuamente. La adhesión de Neruda al comunismo durante la guerra civil española causó que Gabriela lo excluyera –si alguna vez estuvo– de la lista de sus amigos personales. Los separaban opuestas actitudes hacia el comunismo y hacia España.

Como la prosa de Gabriela Mistral –cartas, artículos, notas, prólogos y agudísima crítica literaria– requeriría un trabajo extensísimo, voy a limitarme a párrafos que considero verdaderas joyas:

SOBRE LA ENSEÑANZA

"El maestro verdadero tendrá siempre algo de artista (...) Hay ya demasiado hastío en la pedagogía seca, fría y muerta que es la nuestra (...) La juventud, esa agua viva, no puede amar al que tiene, sobre la lengua viva, la palabra muerta".

DE LA AMÉRICA

"No nos resta, para conseguir la estimación de la América, sino hacer la defensa del mestizaje o rasparnos la tostadura del rostro".

DEL LENGUAJE

"Cien millones de hombres que hablan español en la América tienen derecho lleno y pleno a hacer palabras y a que se las acepten a la larga los diez millones que lo hablan en la Península materna (...) Mucho de lo español ya no sirve en este mundo de gentes, hábitos, pájaros y plantas contrastados con lo peninsular".

DEL POETA

"El poeta lírico es un defensor de las imágenes en fuga; es el adolescente eterno de ojo vago que se queda volteando la imagen que pasó al galope".

DEL MODERNISMO

"Me tocó en la juventud el mal trance de de una mala época: el romanticismo recogía su hojarasca pirotécnica y nacía el Modernismo (...) Tal vez los de mi generación tuvimos la mala fortuna de salir de la mentira romántica para pasar a la máscara pintada de la nueva escuela".

Y añade con ironía en su siempre defensa de la América y lo americano:

"Si nuestro Rubén, después de escribir la Marcha Triunfal (que es griega o romana), hubiese querido dejar los Parises y los Madriles y venir a perderse en la naturaleza americana por unos largos años –era el caso de perderse a las buenas– ya no tendríamos estos temas en la cantera: estarían devastados y entonando el alma del mocerío".

DEL VANGUARDISMO

"La poesía nueva tiene siempre el rezongo del lector común (...) es una Poesía, ni la única, como ellos los `nuevos´ quieren, ni la primera ni la última que echa vagido en el aire del mundo; pero una Poesía fiel porque busca decir su tiempo".

DE LA CRÍTICA LITERARIA (en uno de sus prólogos)

"Yo, que hago aquí el desgarbado papel de prologuista".

Y al leer su primera biografía, **La Divina Gabriela**, molesta por la adjetivación, escribe a su autor:

"La miel empalaga a las gentes y con harta razón. Hay derecho a tomarla solamente en turno con materias neutras o ácidas o amargas (...) De lo bueno, poco y de lo dulce, poco, y más poco aún de la honra que en una tajada vale por el cuerpo entero".

Se enoja nuevamente cuando pretenden incluirla en la serie que se escribía sobre creadores de la Nueva América:

"No me dé usted el sufrimiento, que es un poco quemadura de punzón, de verme a mí misma aceptando un destino, un nombre que me exceden, porque entonces dejaría de estimarme y es lo peor de este mundo perder la propia estima".

Gabriela Mistral escribió sobre la influencia de la lluvia en la poesía de Pablo Neruda mucho antes que éste escribiera sobre el recuerdo que guardaba de la lluvia incesante de Temuco y del ruido de las gotas al caer. Interesantísimos son sus comentarios sobre lo étnico y lo geográfico en la obra de todo autor. Refiriéndose a la influencia geográfica, comenta que la espiritualidad de Juan Maragall le llega por el Mediterráneo que besa la costa catalana, y compara la poesía de ambos:

"Cada día veo más claramente las diferencias dolorosas que hay entre Ud. –lunas, jazmines, rosas– y yo, una cuchilla repleta de sombra, abierta en una tierra agria".

De los poetas del trópico expresa:

"Hace el trópico a sus poetas como hace los poros de la piña, traspasados de esencia (…) Saborearon los frutos más perfectos, y la quemadura de la luz la llevan en el pecho como los pájaros de sus bosques tienen una mancha roja o azul en la garganta".

Nos dice que Martí es castizo, "como Darío, afrancesado", por ser cubano, es decir, de tierra antillana, donde no tuvieron primacía las lenguas indígenas:

"A la isla de Cuba le cayó en suerte el ser un desgajamiento directo de la Península echado al mar; el nacer prima hermana de las Canarias, es decir, el haber sido y seguir siendo una España insular".

(Y abro yo un paréntesis para decir: ¡Cuánto podría escribir ahora Gabriela Mistral sobre las razas y las lenguas que han desnaturalizado a esa Isla!). Cerrado el paréntesis, sigamos con la importancia que le da Gabriela al mestizaje en los escritores, señalando detalladamente el porqué del preciosismo de Rubén Darío:

"Se debe menos a la influencia francesa que a su porción de sangre india".

Y nos dice que Alfonso Reyes salió preciosista de la Meseta del Anáhuac, no por mestizo, sino por haber bebido la cultura india desde la infancia:

"Su sangre española lo hubiera hecho en otra parte mejor exuberante que constreñido".

Refiriéndose a la riqueza verbal y emotiva de Neruda, escribe:

"Las facultades opuestas y los rumbos contrastados en la criatura americana se explican siempre por el mestizaje. (...) Neruda se estima blanco puro, al igual del mestizo común que, por su cultura europea, olvida fabulosamente su doble manadero (...). Aunque su cuerpo no dijese lo suficiente el mestizaje, en ojo y mirada, en la languidez de la manera y especialmente del habla, la poesía suya, llena de dejos orientales, confesaría el conflicto, esta vez bienaventurado, de las sangres".

No podemos terminar este breve recorrrido por la prosa mistraliana sin acercarnos a quien ella consideró su Maestro: José Martí.

En *Lectura para mujeres*, libro que escribió en México para las alumnas de la Escuela Hogar que fundó y que lleva su nombre, antologa a Martí ocho veces, y debajo de cada uno de los trabajos incluidos, anota: "Recomendar la lectura de las obras de José Martí".

En poesía coloca a Martí inmediatamente después de Darío; como prosista le otorga un primerísimo lugar. No ve en Martí ni la sombra del Modernismo, considerándolo muy castizo; único, distinto, solo entre el Romanticismo y el Modernismo sin pertenecer a ninguno de ellos. Y nos dice:

"Guardó a España la verdadera lealtad que le debemos, la de la lengua (...) Todo es agradecimiento en mi amor a Martí: gratitud hacia el escritor que **es el maestro americano más ostensible de mi obra**, y, también, agradecimiento del guía de hombres que la América produjo en una especie de Mea Culpa por la hebra de guías bajísimos que hemos sufrido, que sufrimos y que sufriremos."

Muy acertadamente observa, juzga y escribe:

"Antes de Rubén Darío, Martí se había puesto a la invención de vocablos y aquél reconoció el mayorazgo. Me gustan más los que salieron de la mano de Martí".

Nos deja sentir su apasionada admiración al expresar:

"Al lado de la extraordinaria sintaxis de Martí, está, como otro pilar de su maestría, la metáfora espléndida (...) En el tropicalismo de Martí la abundancia es natural por venir de adentro, de los ríos de su savia interna. En cuanto a natural no es pesada, no carga ornamentos pegadizos; se lleva a sí misma sin pena, como los grandullones llevamos nuestra talla."

En su Prólogo a *Versos sencillos,* publicado en La Habana por la Dirección de Cultura en 1939, estudia al hombre, al orador y al poeta cuando los estudiosos sobre la obra martiana eran todavía escasos:

"¡Ah mina sin acabamiento, ésta de la persona de Martí en la obra de Martí! Vienen ustedes escribiendo y divulgando desde hace cuarenta años estudios y artículos sobre su varón fundamental, y Martí continúa siendo todavía la mina a medio volcar, el metal que está a la vez a flor de tierra y metido en vericuetos oscuros del espíritu y el idioma y que es preciso jadear muchos años más para sacarle afuera hasta la última limadura de su oro de tuétanos."

Después de este brevísimo acercamiento a Gabriela Mistral, sólo me queda añadir que si no fuera bastante su obra, su defensa de la mujer, del lenguaje, de la enseñanza, de nuestra América…, bastarían su amor y su admiración por nuestro José Martí para dedicarle este trabajo.

Miami-Dade Public Library -Inauguración, Main Library.
Noviembre 8, 1986.
Círculo de Cultura Hispánico, The Palace Theater, Miami.
Enero 19, 2010 (Ampliado).

AGUSTÍN ACOSTA: EL HOMBRE Y EL POETA

Para conocer la obra de Agustín Acosta, el Poeta Nacional de Cuba fallecido en la ciudad de Miami el 11 de marzo de 1979, es preciso adentrarse en esa trilogía, tan distinta en su acontecer y tan una en su ser, formada por Agustín Acosta y Bello, el Dr. Agustín Acosta y Agustín Acosta, el poeta.

Agustín Acosta y Bello, hijo de humildes inmigrantes canarios, nace en Matanzas, Cuba, el día 12 de noviembre de 1886. Niño excepcional, es a los diez años maestro de otros niños; a los quince abandona sus juegos para, con inusitada responsabilidad, entregarse a la tarea de telegrafista de la Estación de Ferrocarriles de Pedro Betancourt, en la Provincia de Matanzas; y a los dieciséis funge de Jefe de Estación de cualquier pueblo cercano donde se le necesitara.

Ni cargos, ni honores rompieron la sencillez de este hombre, de este poeta que acostumbraba besar las manos de su anciana madre a quien dedica su hermoso poema *Mi camisa*. Amor filial de raíz Mariana que no oculta al pronunciar un discurso para el Club de Leones de la Habana el día 7 de mayo de 1957, día de las Madres:

> "Recientemente se ha publicado mi libro JESÚS, glosa de la vida del Maestro. ¿Qué censuro yo a los evangelistas? Les censuro el olvido en que incurrieron con la madre de Cristo, la cual es, no ya figura secundaria en los Evangelios, sino algo desvaído, algo que casi no existe o que, si existe, no merece la pena de que se cuente con ello. Error de los

Evangelios, pues la madre de Jesús, histórica o legendariamente, es la fuente de la divinidad, la madre de todos los cristianos, la figura, después de Cristo, más hermosa de la Historia."

Dr. Agustín Acosta, hombre público de intachable verticalidad; abogado, notario, Gobernador de la Provincia de Matanzas, Senador, Secretario de la Presidencia. Ni cargos, ni honores rompieron la magia del hombre-niño que solía arrodillarse ante la adorada madre para hablarle y besarle las manos. No hubo estridencias en la actuación ciudadana de Agustín Acosta, sino firmeza y convicciones; elogio justo y valiente denuncia; integridad, lealtad, honradez y cubanía.

Y cerrando esta trilogía, **Agustín Acosta, poeta**, Miembro de la Academia Nacional de Artes y Letras y de la Academia Cubana, Correspondiente de la Española.

A esta trilogía añadiría yo, **Agustín Acosta, el exiliado**. El exiliado que al dejarlo todo atrás nos dio la oportunidad de compartir con él sus últimos años, aquilatando el regalo de su presencia, su sencillez, su amistad.

De un intenso lirismo, la poesía de Acosta, aparentemente fresca y sencilla –la flor más que el jardín, la gota de rocío, la humilde vivienda campesina, el tren que pasa cada día– vibra y se endurece entre la sencillez y la solemnidad, resaltando el contraste entre su poesía lírica y su poesía social. En su poema "Martí" juega magistralmente con versos de tres, diez, quince, veintitantas sílabas. En *Los camellos distantes* mantiene un ritmo medular que llega hondo; en *Últimos instantes*, dedicado a su admirado Darío, reúne magníficas elegías, y en *Caminos de hierro* vuelve a lo humanístico y social.

La obra de Agustín Acosta –verso y prosa– es amplísima en número y alcance. Nos dejó ocho libros: *Ala* (1915), *Hermanita* (1923), **La** *zafra* (1926), *Los camellos distantes* (1936), *Últimos instantes* (1941), *Las islas desoladas* (1943), *Jesús* (1957), *Caminos de hierro* (1963). Y en el exilio, *El Apóstol y su Isla* (1974) y *Trigo de luna* (1978).

Su viuda –la siempre Musa de sus versos de amor– guardaba celosamente su obra inédita que incluye los libros *Sonetos*, *Lejanía*, *Torres de humo*, *Poema cíclico a Dante*, *Canto a Cuba*, *Babilonia*, *Epinicio*, *Otros poemas*, *Traducciones del francés*, así como un epistolario de hondo calor humano y agudo sentido del humor.

Su poesía aparece en antologías hispanoamericanas y españolas, en *Las cien mejores poesías de la literatura cubana* y en innumerables ensayos y tesis doctorales.

De más amplia proyección son las tres antologías dedicadas al Poeta: *Poesías escogidas de Agustín Acosta*, por Fidencio Pérez Rosado (1950); *Agustín Acosta, sus mejores poesías*, por José Ángel Buesa (1955) y *La poesía de Agustín Acosta, Poeta Nacional de Cuba*, por el Dr. Aldo R. Flores (1976).

Agustín Acosta siguió a Darío por los abiertos caminos del Modernismo y amó y admiró intensamente a José Martí. No ocultó su admiración por Francis Jammes, poeta francés; Federico Urbach, poeta matancero; Antonio y Manuel Machado, y la lírica sencillez del Juan Ramón de los primeros tiempos. Más cercanos, por la amistad que lo unió a ellos, Santos Chocano, Francisco Villaespesa, Luis G. Urbina, Porfirio Barba Jacob, Alfonso Camín.

Acosta, que se sitúa en el Modernismo con su libro *Ala* y que solía decir "no saber de escuelas ni retóricas", sentó escuela sin proponérselo al formarse y crecer a su alrededor lo que se llamó "la constelación de los nuevos".

Creo interesante señalar que Dulce María Borrero de Luján, en su respuesta al discurso de ingreso a la Academia de Artes y Letras de Agustín Acosta, nos dice:

"Unos se agrupaban al lado de Bonifacio Byrne; otros, al lado de Acosta. Éste se destacaba, crecía, se imponía por la rotunda arquitectura de su verso, que se hacía, en lo externo, de mármol puro, y en lo hondo, de miel, de amor, de perdón y de ternura".

Y refiriéndose al bien ganado título de Poeta Nacional de Cuba, expresa:

"Acosta fue formándose en un paralelismo de esperanzada juventud con la República. Este privilegio debía haberlo puesto a salvo de los martirios que sufrieron los representantes de la poesía cubana del ciclo heroico. Sin embargo, para nuestro poeta la visión de la República, declinante apenas nacida, significaba un dolor más lacerante, más injusto, más duro de sufrir".

Agustín Acosta no es un poeta al que se le pueda fijar una etiqueta. Acosta es romántico, y "clásico", y modernista; y hasta hace una incursión por el vanguardismo para saberse abierto a todo vuelo.

Y en su vuelo no se libra –no quiere librarse el poeta– de la temática social; de la espina que le duele hondo y que se hace grito y protesta en el más conocido de sus libros, *La Zafra*, del que cito un fragmento de "Las carretas en la noche":

Mientras lentamente los bueyes caminan
las viejas carretas rechinan... rechinan.
Lentas van formando largas teorías

> por las guardarayas y las servantías.
> Vadean arroyos, cruzan las montañas
> llevando el futuro de Cuba en sus cañas.
> Van hacia el coloso de hierro cercano:
> van hacia el ingenio norteamericano,
> y como quejándose cuando a él se avecinan,
> las viejas carretas rechinan... rechinan...

Pero no es Agustín Acosta hombre de ver una sola cara de la moneda. Conocía las flaquezas de su pueblo y a ese pueblo quiere llegar con el regaño paterno de su "Admonición":

> No esperes que te adule, campesino cubano.
> Tengo derecho a hablarte: por algo soy tu hermano.
> (...) Ahora vives del préstamo.
> Hasta el yarey cubano
> trocose en tu cabeza en sombrero tejano.
> Ya no tocas bandurria con que el alma se explaya
> en los días de fiesta: ahora vas a la valla
> y el dinero que tomas de anticipo, oh guajiro,
> lo juegas al "jabao" o lo pierdes al "giro".

Cuba, su mar, su campo y su problemática de siempre está en toda la poesía de Agustín Acosta.

Ya en el exilio publica **El Apóstol y su Isla,** donde reúne, nos dice, "poemas escritos desde los primeros años del siglo hasta la década del 50". Abre Agustín este poemario con "A la bandera cubana", y nos regala su "Martí", comentado anteriormente y del que no puedo dejar de citar unos versos:

> La América, absorta, le vio predicando su idea;
> ajeno al aplauso, cultivaba su flor interior:

no fue más hermoso el Rabino, vertiendo en la paz
de Judea su hermosa cristiana palabra de fe,
de esperanza y de amor... (12)

En su "Poema del Centenario-Mensaje a la juventud", nos dice en la última estrofa:

Y tú, como amparando la infancia de nosotros, en tu crisol de ayer refundes nuestro oro / ¿Qué importan vendavales? ¿Huracanes qué importan? / No apagarán tus lirios, tus cirios y tus rosas. / Cincuenta años suman apenas un instante para que el alma pueda comprender lo inefable. (69)

Rememora también el poeta las seis provincias cubanas con respectivos sonetos, de los que cito el último terceto del dedicado a su Matanzas natal:

Y en sus cumbres graciosas y serenas,
al clarín vencedor que grita: ¡ESPARTA!
el arpa ilustre le responde: ¡ATENAS! (20)

Aunque escrito en Miami en mayo de 1974, está Cuba también en el poema "Junto a la estatua" (*Sonetos*, inédito):

Estoy junto a la estatua. En torno de ella
difúndese un temblor de luz esquiva:
pálida nebulosa en que una estrella
nadie sabe si muere o si se aviva.

Golondrinas de ayer buscan su nido
y **soplos de huracán** obstan su vuelo,
mientras un resplandor **enrojecido**
perturba los alcázares del cielo.

Piedra sagrada que en silencio encierra
todo cuanto es amor en nuestra tierra,
sueño que al fin **despertará algún día**...

Si en noble indignación, y frente al Ara,
este mármol glorioso se animara
y comenzara a hablar, **¿qué ocurriría?**

En el poema "Diluvio", de *Trigo de Luna*, publicado en 1978, "se encoleriza de súbito":

La lluvia se está clavando
sobre los campos maduros.
Un pintor cubista ensaya
sus pinceles en lo oscuro
del cielo. Se descoyunta
el viento sobre los duros
picachos de la montaña;
y allá arriba, por el muro,
quebrado, de líneas rectas,
calidoscópicas, junto
a una torre vieja, inicia
el sol opaco su rumbo
matemático. Y la lluvia
se encoleriza de súbito
y lo ahoga. (Y ya no hay Arca
de Noé para el diluvio) (71)

Conocido el niño, el hombre y el poeta, ¿cómo olvidar al anciano afable y tierno capaz de considerar magnífica su humilde vivienda de exiliado? ¿Al anciano decidor que con chispeantes ojos narraba episodios de su vida resaltando siempre, no su amistad con grandes figuras literarias, sino simpáticas anécdotas que, como decía él, "le enseñaron muy pronto a tener los pies en la tierra"? De las muchas que recuerdo, escojo ésta de sus días de tardío estudiante de Bachillerato. Tardío, porque la falta de recursos y sus muchas obligaciones le hicieron matricularse cuando ya era un destacado poeta:

"Instituto de Matanzas. Examen final de Química (materia apenas estudiada). Reparte el Profesor Russinyol los papeles y ve Agustín con horror que ha salido precisamente lo que había echado a un lado: El Cloro. Lee, vuelve a leer. Le da vueltas y vueltas al lápiz. Recuerda que el Sulfato de Cobre en su descomposición deja una gama de verdes, y sin pensarlo dos veces tacha El Cloro sustituyéndolo por El Sulfato de Cobre. El Dr. Russinyol –que se paseaba por el aula– se acerca, lee y le dice en voz baja: "A que no me hace el examen en verso", "A que sí", responde el poeta."

Y reía Agustín contando que había escrito páginas y páginas en verso, añadiendo con su característica sencillez: "No sólo aprobé la asignatura, sino que el Instituto guardaba celosamente el examen porque, imagínense, era el primer examen en verso que habían visto en su vida."

Otra de sus anécdotas favoritas era la del amigo de la infancia que se empeñaba sin suerte en conquistar a una muchacha y le dice:

"Ven acá, Agustín; tú que eres medio poeta, ¿por qué no me escribes unos versitos de amor a ver si la conquisto?"

Un "medio poeta" que era ya un autor admirado y reconocido. También nos contaba Agustín la anécdota sobre la primera visita a Cuba del poeta Luis G. Urbina:

"Era Urbina un viejecito pequeño, suave y muy tierno que hablaba siempre en voz baja. Una tarde, en un acto social, en Matanzas, fuimos invitados Urbina y yo a leer o decir nuestros versos. Nos rodearon las muchachas y yo, con la petulancia de la juventud y bastante engreído, hice alarde de voz, pose, gestos... En fin, que hice lo indecible por desbancar a Urbina; pero nada. Se me iban todas con el viejecito que en voz muy baja y con gran sencillez decía sus versos."

De una carta de Agustín a Consuelito (su esposa) recojo a saltos unas líneas:

"...La fiesta era solemne: presentación de credenciales del Ministro de Su Majestad Británica. Yo, francamente, soy hombre demócrata. Odio las tiranías etiqueteras, los fracs violinistas, las grandes levitas contrabajo, los smokings guitarra. En vista de esas credenciales inglesas concebí (...) suprimir todo lo fúnebre y vestirnos virginalmente de blanco. El introductor de embajadores puso el grito en el cielo.
–¿Al Ministro inglés? ¡Usted está loco! Se escandalizaría el Ministro. Creerá que es una descortesía... ¿Y quién le dice al Ministro ese cambio de etiqueta?
–Usted, Soler.
Y se lo dijo. Y las esferas no temblaron. A las once en punto de la mañana llegó Soler con el Ministro, vestido de blanco y con un casco colonial. Soler traía un dril cien un poco corto."

Debía bastarnos lo dicho para aquilatar la sencillez de Agustín Acosta, pero veamos cómo lo vieron políticos y escritores de su época. De "El Espectador Habanero", Volumen XII, Número 70, de abril de 1939, cito del artículo "Pase de Lista" de Ramón Vasconcelos:

"(Acosta Bello, Agustín, de Matanzas; 52 años, casado, abogado y notario. Observación: también es poeta.)

Día de sesión. Suena el timbre con tintineo rabioso. Lo único rabioso del Senado es el tintineo.

AGUSTÍN ACOSTA BELLO

A lo mejor abstraído en la musicalización de una rima, o perdido imaginativamente en los vericuetos de la intrincada selva de nuestras querellas interminables, el poeta no responde al pase de lista.

¡Ala! Maravilla de nobles intentos
de ensueños y de gloria, de paz y altura...

Como cualquier cubano de esta hora, Agustín Acosta traga a sorbos lentos su ración de amargura (...). ¿Qué culpa tiene de sus sueños y de sus ensueños? Lo rondan malos presagios. Poeta, Profeta. Es cierto; pero también mal político. Sin dobleces ni flexibilidades, sin trastiendas, sin un gotero de miel para dejar la impresión grata en todas partes no se sirve para la política.

Ala que en el fondo de todas las cosas
fugitivamente traza una silueta....

Agustín enciende un tabaco. Es el sahumerio del rito esotérico (...) Alguien grita reglamentariamente su disconformidad; alguien, reglamentariamente, le replica (...) Y no habiendo otro asunto que tratar, se levanta la sesión... El poeta, delgado, nervioso, ágil, pulcro, con elegancia de hombre limpio y sin dandismos, se pone en pie y busca la salida como estudiante que termina sus clases. Sin embargo, todavía le quedará tiempo para tronar contra lo que estima una torpeza o una injusticia inútil (...) El primer senador por orden alfabético, ACOSTA BELLO, AGUSTÍN, es también el primer lírico de su generación."

Y algo más, publicado en diarios y revistas de Matanzas y en la revista "Poesías" de La Habana bajo el título "El Teatro Sauto, Matanzas y Agustín Acosta":

"Agustín, amigo personal de Francisco Villaespesa, asistía a una velada en honor a éste en el Teatro Sauto de Matanzas. Allá fueron poetas y escritores de toda la Isla, desfilando por el escenario en una competencia de elogios, sonoridades; un verdadero derroche de trompetería, hasta que le llegó el turno a Agustín Acosta, no sólo amigo –quizá el único– del homenajeado, sino el más distinguido de los poetas cubanos del momento. Todos esperaron la vibrante voz del poeta matancero quien se limitó a abrazar fuertemente a Villaespesa diciéndole: "Villaespesa, ¡qué ganas tenía de verte!" Ante el contraste, el aplauso se convirtió en una gran ovación."

Y en la Revista "Azor" de México, publica el poeta español Alfonso Camín su poema "Retrato del poeta Agustín Acosta" del cual cito algunas estrofas:

Poeta del amor y del ensueño,
él es el que perdona a Magdalena
y halaga al niño y al mastín sin dueño (…).
Como Martí la escuálida figura,
tonante voz, el pelo alborotado
y el potro azul sobre la azul llanura (…)
Cantó al cañaveral y al surco rojo
y vio que eran azules las veredas
y la torcaza azul sobre el rastrojo (…)
Porque el poeta azul de alma sencilla
irá escribiendo su epopeya al paso,
de luz a luz, como el poeta Ercilla.
Poeta siempre fiel, poeta amigo,
yo un poeta del roble y del acebo
y un tanto Michelotto y Mocenigo

desde el Popocatépetl misterioso
te mando mi mensaje de Año Nuevo
en el nombre del águila y del oso.
México, Año Nuevo, 1960

"Poeta del amor", le llama Camín en el primer verso de su poema, y no fue el único. Desafortunadamente, las limitaciones impuestas a este trabajo no me permiten adentrarme en la poesía amorosa de Agustín Acosta; pero recordaré siempre al Agustín nonagenario memorizando los versos del poema "Abandonada a su dolor un día" (***Hermanita***), dedicados a Consuelito en su otoño de hombre encumbrado y solitario, y del que cito los bellísimos versos finales:

¡Amor no llega demasiado tarde
a quien se siente demasiado solo!

Después de este repaso por la vida y la obra de Agustín Acosta, sólo me queda decir que si realizarse es servir y honrar a la Patria; amar y ser amado; creer en Dios, en la belleza, en la bondad, en la amistad y en el hombre, Agustín Acosta se realizó plenamente como cubano, como hombre y como poeta.

Todo el Agustín Acosta –niño, hombre y poeta–, está en su poema "Date" (***Trigo de luna***), porque el manantial inagotable de su ternura quiso siempre darse. Al amor, a la luz, al color, al pájaro, a la sombra... Llegue a ustedes el poeta a través de estos fragmentos:

Corazón, ¡qué alegría! La luz del sol colora
todo cuanto fue denso y obscuro en la borrasca,
tanto en el campo ornado de flores y renuevos
cuanto en las ya marchitas llanuras de las almas.
Mira los tiernos brotes. La música campestre

enreda melodías en torno a las montañas (...)
¿Y no sientes el ansia de darte todo entero
como si te asistiera la verdadera gracia?
¿Que a quién podrías darte –preguntas–
Pues a todo;
al sol que te da vida, al pájaro que canta,
a la noche que es madre de sombras y de estrellas (...)
al hombre que se encorva sobre el arado lento,
al buey que te demanda perdón en la mirada,
a la casita triste sin árboles ni flores,
a las cañas que ondulan, a los vientos que pasan,
corren sobre la tierra y es como si estuvieran
pisoteando su infancia.
A todo, corazón, tienes que darte, a todo,
ofrecer lo que es tuyo y quedarte sin nada (...)
Y cuando te detengas a contemplar la dádiva,
verás que sólo damos aquello que nos sobra
ya que sólo con ser un corazón nos basta. (33-34)

Reúne los trabajos:

Homenaje a Agustín Acosta,
The American Association of Teachers of Spanish and Portuguese.
Diamond Anniversary, San Diego, California. Diciembre 28-30, 1978.
Recordando a Agustín Acosta,
Grupo Artístico Literario Abril (GALA). Marzo 12, 1983.
Una mirada al Agustín inédito,
Furman University, Greenville, South Carolina. Octubre 3-5, 1985.
Agustín Acosta: El niño, el hombre, el poeta,
PEN Club de Escritores Cubanos en el Exilio,
Koubek Center, University of Miami. Septiembre, 2006.

LUCAS LAMADRID: INTENSIDAD, EROTISMO Y ESDRÚJULAS PROTAGÓNICAS

Lucas Lamadrid (1919-1987) nace poeta en La Habana, y en La Habana funge con hidalgía y honestidad como Abogado y como Oficial Auditor del Ejército. Lucas Lamadrid muere poeta en Miami, y en Miami sobrevive domando escaseces sobre el lomo de un tractor de almacén mediocre. Ardua labor para un hombre que enfrenta el avance tardío de una poliomielitis padecida en la infancia.

La obra poética de Lucas Lamadrid, conocida y apreciada por una minoría selecta e intimista, ha sido poco divulgada dentro del vasto sembradío, no sólo de la poesía hispanoamericana, sino de la poesía cubana. La pérdida ha sido nuestra. En espiral lírica se dio este poeta de barba hirsuta, voz recia, mirada penetrante y verso centelleante, desasido siempre de opiniones, amiguismos, admiración o críticas.

Su voz sigue el itinerario emocional de un poeta "exiliado y pateado" –como tan acertadamente dijera el escritor José Abreu Felippe refiriéndose a otros escritores cubanos.

Publica Lamadrid su primer libro, **Madréporas** (La Habana, 1935), a los dieciséis años. Un año más tarde Juan Ramón Jiménez incluye cuatro de sus poemas en *El Libro de la poesía cubana* (Institución Hispano-Cubana de Cultura, La Habana, 1936), dando un espaldarazo al joven poeta cuando, al leer éste uno de sus poemas, le dice: "Joven, yo hubiera firmado esos versos".

Pero el Lucas Lamadrid estudiante, abogado y militar esconde al poeta, hasta que el desgarrón del exilio lo priva de muchas cosas, pero le devuelve el canto. A la voz, a la palabra y al canto rinde el poeta el homenaje que merecen, al titular sus primeros dos libros publicados fuera de Cuba, *Cantos de dos caminos-Antología mínima* (Barcelona, 1977) y *Cantos de la tierra y el hombre* (Miami, 1978).

Inéditos deja Lucas Lamadrid cuatro poemarios: *Poemas en la luz oblicua, Trayectoria de la indignación, Retablos esperpénticos* y *Panoplia de símbolos*, en el que trabajaba cuando la enfermedad y la muerte lo sorprenden.

Cantos de dos caminos contiene tres poemas incluídos en *El libro de la poesía cubana*, recopilación y edición de Juan Ramón Jiménez citado anteriormente, y al subtítulo, *Antología mínima*, llamaría yo autobiografía mínima, porque en él nos regala Lamadrid sus "Cantos del camino en primavera", "Cantos del camino en otoño" y "Cantos en el vórtice".

Cantos de la Tierra y el Hombre, premiado en New York por el Círculo de Escritores y Poetas Iberoamericanos, es un poemario desgarrado y visceral que narra el éxodo masivo de disidentes cubanos en la voz de —y cito de Pablo LeRiverend en prólogo al mismo— "un fugitivo prototípico".

En *Trayectoria de la indignación* el discurso poético es agrio, acusador y violento, volcando el poeta el encono y la frustración de sus primeros años de exilio.

Poemas en la luz oblícua toma el título de uno de sus poemas y en él encontramos una poesía de gran belleza y lirismo.

Retablos esperpénticos y *Panoplia de símbolos* son los últimos poemarios del poeta. En el primero nos deja Lucas Lamadrid un rechazo hiriente y sarcástico al mundo que lo rodea.

En *Panoplia de símbolos*, más sosegado y filosófico, desecha Lucas la agresividad y el encono para, cuestionándose a sí mismo, ahondar en las interrogantes del hombre: la vida, la fe, la muerte.

Si algo resalta en el discurso poético de Lucas Lamadrid es la conciliación de opuestos que logra al conjugar la fuerza, el encono y la ira con inesperados y deliciosos resquebrajamientos de fragilidad y ternura. Así, no es raro encontrar versos de gran fuerza e intencionalmente "esdrújulos":

> Sueltan sus mariposas escuálidas
> por entre los barrotes de la ergástula...
>
> Un día nos desprendemos de nosotros
> sin saber la profunda razón del pánico...

Para sorprendernos de pronto con el lirismo de otros como:

> Para saberte próxima me basta
> el tacto de tu voz sobre mis labios...
>
> Como brisa en el viento
> amar y ser amado entre las yerbas...

Lucas Lamadrid no es un poeta fácil; y no por intrincamiento del lenguaje o artificios poéticos, sino porque su poesía nos enfrenta a caminos opuestos y a contrastes sorprendentes. No hay en su poesía ni artificio ni afán de trascendencia. Sí hay una dicotomía que desarma, una concatenación de opuestos que desconcierta, y genuinos estados anímicos que trascienden sin desarmar la continuidad del discurso poético.

En Lucas Lamadrid, la relación poeta-poema-lector se da a la inversa, ya que es el lector quien va, por el hilo seductor del verso, hasta la voz; de la voz al poeta y del poeta al hombre. Como detrás del poeta está el hombre, o dentro del hombre, el poeta –según como se vea–, cabe preguntarse cómo era este hombre-poeta, y nos responden los versos de "Prólogo" (*Trayectoria de la indignación*, inédito):

El que quiera leerme, que me acepte cual soy,
ayuno de sutilezas académicas,
con este verso mío harapiento de imágenes
y enfermo de impaciencia.
Que me sepa sin ambición de eternidad,
sin afán de aprobación o certeza,
con náusea de mentiras convencionales,
rebelde contra todo lo que en redor me asedia.
Y me excuse este rictus del alma
que ya no aguarda compasión ni aquiescencia,
esta indecisa incertidumbre,
esta inconformidad iracunda y perpleja.
Que me perdone mi arrogancia
sin brillantez ni genio,
mi indignación que se golpea la frente
en todas las sonrisas y en todos los silencios.

En la poesía juvenil de Lucas Lamadrid –la seleccionada por Juan Ramón Jiménez en 1936– no hay balbuceo poético. El joven poeta, dejando que asome el recio poeta que sería Lucas Lamadrid, identifica su voz diciendo exactamente lo que quiere decir en el poema "Éxtasis", uno de los cuatro poemas seleccionados por Juan Ramón y que incluye Lamadrid en *Cantos de dos caminos*:

... y marcharnos lejos de nosotros mismos
y abrir las ventanas blancas del espíritu
a los cuatro vientos de la eternidad
y ahorcar en la rama muerta de la inercia
el muñeco inútil de la voluntad...(13).

La fuerza, que puede parecer una constante en la voz lírica de este poeta, se estremece y resquebraja sin pudor alguno rompiendo el "tempo" de la comunión anímica poema–lector–poeta cuando junto a sustantivos como *fusil*, *lanza*, *guerrero*, *hembra*, nos sorprende con otros como *templo*, *alma*, *niña*.

En el poema "Carta a un niño" (***Cantos de dos Caminos***), escrito a su sobrino Lucas Lamadrid IV, encontramos –como en tantos otros de sus poemas– dos voces opuestas perfectamente conciliadas.

Yo sé que un día algo se alzará en ti
pasión y desafío-/ y querrás cabalgar, guerrero,
por los predios antiguos/ y sin respeto a hijo ni dueño
llevarte a la grupa la hembra que viste en el camino
Pero acalla, hijo, acalla/ esas voces de ancestro
que no son tu destino (...)
No veas un enemigo en cada extraño.
No lleves arma al cinto. / No vayas a la guerra
si tu honor y tu fe no van contigo (...)
búscate una mujer que avive el fuego
que se tienda a tu lado a hablar contigo
y llene con su risa tus silencios
y vuelque su ternura en tus vacíos (...)
Si alguna vez perdido en la tormenta
te embarga el temor, alza los ojos, hijo,
que el que busca bien alto siempre encuentra
la mirada de Dios sobre el abismo. (100-102)

Amelia del Castillo Martín

Hago un alto para resaltar la fe inquebrantable de Lucas Lamadrid, inmersa en toda su poesía. La fe en el Dios a quien pide el poeta en "Plegaria", también de *Cantos de dos caminos*:

> No me condenes a la mudez
> ¡déjame mi palabra
> para que ya cuando no sienta la luz
> ni la fragancia, ni el pétalo,
> ni el viento, ni la carne, ni la miel, ni el sonido,
> pueda seguir llamándote! (79).

Sí; el poeta necesita la palabra, precisa del canto. No por capricho ha titulado dos de sus libros *Cantos de dos caminos* y *Cantos de la tierra* y **el hombre**. Palabra y canto que se materializan, que toman forma y calor haciéndose rotundos y altos como un campanario cuando nos grita en "Agonía final" *(Cantos de la tierra y el hombre)*:

> Es tan grande,
> tan pura,
> tan soberbia,
> que no me atrevo a pronunciarla (...)
> Esta palabra –con matiz de blasfemia–
> se deletrea ESPERANZA (20).

Imágenes somáticas y telúricas, que golpean de frente, dan a la poesía de Lucas Lamadrid la magia de inquietar calando hondo. Basten, a saltos, estos versos de "Tránsito II", del mismo libro:

> Y así llegó la hora de librar el pellejo
> de preservar la sórdida corteza
> que azotaba la urticaria del miedo.

Era la hora de constricciones vesicales
de visceral espasmo... (15).

Y de *Trayectoria de la indignación*, inédito:

Silbo y me alejo cojeando
con las manos en los bolsillos,
escupo en los costados de los ómnibus
y los autos de lujo,
vuelvo el pezcuezo artrítico...

Por la espiral poética de Lucas Lamadrid sube también la luz; y decir luz es conocer sombra. Ambas persiguen al poeta desde su juventud, y en su poemario inédito *Poemas en la luz oblicua* juega con ellas dentro del más vívido lirismo.

En esta rara luz atormentada
las sombras se deforman y ennegrecen (...)
Y es que esta luz, ya fieramente oblicua
afila tan agudos los contornos,
los ángulos y aristas de la angustia (...)
Sólo en la luz vivimos, aunque acaso
estemos ya muriendo en nuestra sombra...

Sin perder sus estremecimientos de ternura crece en fuerza la poesía de Lucas Lamadrid cuando se encona y rebela en *Trayectoria de la indignación,* también inédito, donde nos da lo más recio de su voz poética.

En el poema "Prólogo" se indigna más y más el verso sin que en ningún momento pierda lirismo y estilo propio al decirnos, con el desarraigo que marca a los poetas cubanos del exilio:

No, no esperes mi verso por el sueño
ni por un arco iris de ilusiones.
Ya, maltrecho,
deambula por las calles del guetto...

El poeta vibra y hace vibrar cuando reclama y defiende su voz y sus raíces sin evadir el HOY que es mucho más que un monosílabo rotundo. De "Viñeta de la injuria-Barrio de inmigrantes" (*Trayectoria de la indignación*), escojo estos versos:

Tañerá inútilmente una campana
para todos los tímpanos del aire,
pasarán de largo las viejitas beatas
a traficar sus sellos de alimentos (...)
la calle se lavará las manos
con lágrimas de pueblo.

Y cuando ese HOY lo desalienta o encona, Lucas Lamadrid lo escrutina, lo indaga, lo cuestiona, lo encara en su libro inédito *Retablos esperpénticos,* donde está, si no lo más representativo, sí lo más desesperanzado de su poesía. Aquí no hay signos de puntuación, ni mayúsculas, ni YO, ni TÚ. Aquí hay un TODOS desconocido y ajeno.

El verso es áspero, intencionalmente "esdrújulo", verso éste al que me referiré más adelante. La angustia, la rebeldía y el encono de sus otros libros duelen menos que estas viñetas donde las palabras, los versos y hasta las ideas están siempre de perfil, quizás porque el poeta prefirió no verles las caras.

De "Simplificación de Eros":

¿para qué usar recursos metafísicos

en músculos y glándulas y nervios
que preordenados no requieren estímulos?...

De "Hombre ideal":

El hombre nuevo y útil
escucha pero no habla (...)
una computadora
tabula su esperanza
hace el amor engendra (...)
muere en paz y le basta.

De "Rock Video":

óptica musical hiperactiva
Terpsícore y Orfeo plebeyizados–
gimnástica hormonal (...)
un sintetizador eléctrico
baraja a Bach Vivaldi o Stravinski (...)
un maestro barbado
con la guitarra apoyada en el pubis
hace estallar los alambres y las tripas (...)
el coro de ambos sexos
repite ritornellos paroxístico (...)
y todos danzan todos
estupefactos y frenéticos (...)
todos parecen poseídos
por íncubos o súcubos en celo (...)
anarquía espiritual
confundida libertad cultural
barbarie coreográfica
crescendo rítmico hacia el vértigo.

La voz poética de Lucas Lamadrid tiene la fuerza de lo genuino, lo logrado. Aguda o grave, tierna o enconada, esperanzada o herida, trenzándose a la luz o amparándose en la sombra, será siempre la voz de un poeta de sensibilidad a flor de verso.

Paradójicamente, lo más viril de su poesía está en los estremecimientos y las resquebrajaduras que se concede sabiendo que el poeta, no importa cuánta sea su fuerza, tiene siempre la fragilidad de la desnudez que nos regala. Siempre he creído que lo genuinamente poético-erótico no comulga con el mal gusto y la vulgaridad. Como expresó la poeta, escritora y ensayista española Ana María Fagundo en la presentación de mi libro *El hambre de la espiga,* "se puede hacer poesía de fuerte contenido erótico de una manera sugerente, poderosa y elegante."

Elegante, hondo y sugerente es el erotismo en la poesía de Lucas Lamadrid. No se entienda por esto que la voz poética se acobarde. No puede titubear o acobardarse una voz que sabemos cruda, acusadora y tajante cuando grita en verso el desamparo del perseguido, del inmigrante, del acorralado, en *Trayectoria de la indignación* (inédito) y en **Cantos** *de la tierra y del hombre*:

> No le extiendas tu mano, que la suya
> la tiene ya crispada y se la pudre
> la lepra del destierro!

> Me miran unos largos rostros nórdicos
> con rictus de querer abofetearme... (17).

> Era Patria y era hembra...(16).

Con este "era patria y era hembra" me acerco, no sólo a la fuerza de la voz lírica en el erotismo de la poesía de Lucas Lamadrid, sino a la simbiosis erótica que logra el poeta en uno de los poemas de *Cantos de la tierra y el hombre.*

Aclaro que no debe confundirse fuerza de la voz lírica en el erotismo, con crudo erotismo, que está muy lejos de ser representativo de la obra de este autor. Me refiero a la dualidad fuerza-refinamiento que logra magistralmente Lamadrid en sus versos eróticos. Basten estos versos que recojo a saltos:

> Dormido sexo y viento aprisionado
> en el temblor del ala ...
>
> Ardiente, fiera, sensitiva
> se me escapa tu carne...
>
> Despiertas y se alza
> mi sol sobre tu cuerpo...
>
> Furor de reducir tiempo y espacio
> al orgásmico rito de un instante ...

La Poesía, cuando toca al poeta, se hace parte tan íntima e inquietante del mismo que lo obliga a desnudarse por dentro. Y se desnuda Lucas Lamadrid invocando desesperadamente a la amada:

> Mujer...Porque dormí sobre tu vientre...
> ¡escúchame! (...)
> Amada...Si no estamos tan lejos (...)
> Niña... Clavo mi rostro (...) para besar tus labios.
> (...) Me vuelvo sierpe (...) para albergar mi fiebre
> entre tus muslos...

Estos versos, de intenso, elegante y bello erotismo, son del poema "Evocación desesperada" del libro de Lucas Lamadrid **Cantos de la tierra y el hombre,** premiado por el

Círculo de Poetas y Escritores Iberoamericanos de New York en 1982.

Pero, ¿qué hacen estos versos eróticos en un libro que, y cito de Pablo LeRiverend: "es un testimonio vivo de la realidad social y moral de Cuba bajo la revolución marxista-leninista"? ¿En unas páginas donde la voz lírica se amarga y encona en la increpación y la culpa? ¿En un libro que abre con esta dedicatoria: "A todos los poetas y escritores del mundo, encarcelados, perseguidos u ostratizados por razones políticas..."? No parece caber el erotismo en un poemario de perfil político y frente acusatoria. En unas páginas de desafío y denuncia. En un libro estremecido de versos como éstos:

> En diversas mazmorras de la tierra
> deambulan por escasos
> pies cuadrados maltrechos los poetas (11).

Para despejar las interrogantes se impone entrar en la simbiosis Isla-Mujer que logra Lucas Lamadrid en su "Evocación desesperada". Porque es a la **Isla-Mujer**, a la **Isla-Niña**, a la **Isla-Amada** a quien clama el poeta. Y a esa Isla-Mujer los llevo; pero no a saltos, sino adentrándome en la incontenible fuerza somática, telúrica y erótica del poema total.

> Isla / mujer / ¿me oyes?
> Porque dormí sobre tu vientre
> y te amé con pasión inequívoca
> ¡escúchame!
> Isla / amada.../ Si no estamos tan lejos...
> Nada más no separa
> un pedazo de mar que cabe en nuestros brazos,

Palabras al vuelo

un puñado de angustia
una furtiva incomprensión intrascendente.
Isla / niña / te invoco entre mis brazos
en la urgente inquietud de mi cintura
te pienso reclinada en mi torso
te conjuro al ritmo universal del olvido.

Clavo mi rostro en alambradas de odio
para besar tus labios.
Estiro entre barrotes de crueldad mis brazos
para palpar tus pechos.
Me vuelvo sierpe entre las grietas
de murallas de incomprensión
para albergar mi fiebre entre tus muslos.

Isla / mujer... / ¡Cuánto sentí dejarte
en la orilla del miedo
al borde de la fuga
en la cumbre donde cesaba el cielo
en la sima del hambre y de la sed
para volver a amarte
acaso alguna vez!

Cerrando Lucas Lamadrid su magnífico poema con tres versos lapidarios:

Mas sólo debes esperar un día
la miseria fortuita de mi muerte
en una hoja de papel. (18-19)

Releyendo la obra del poeta, confirmo que compitiendo con la fuerza y belleza del erotismo en su poesía, está el acertado uso de las palabras esdrújulas, donde se apoya y levanta la fuerza de sus versos más enconados.

Las esdrújulas de Lucas se apropian del poema de tal forma que pasan a ser el centro protágonico del mismo. El uso y voluntario abuso de ellas, unido a sustantivos decidores y a consonantes agresivas, crean una voz de protesta, de rabia, de encono y de rebeldía que se agudiza en los poemarios inéditos *Trayectoria de la indignación* y *Retablos esperpénticos*, donde sorprenden y duelen sus esdrújulas indignadas.

Me atrevo a afirmar que el protagonismo de las esdrújulas es voluntario, y no caprichosa casualidad lo que las une, teje y entreteje, porque al comentarle al poeta el excesivo uso de ellas me respondió con mirada centelleante y expresión arisca, que no estaba abusándolas, sino "encabronándolas".

No es preciso escudriñar la obra de este poeta para confirmar tanto la intención como lo novedoso del intento. En su poema "Tierra de promisión" *(Trayectoria de la indignación)*, escrito en los primeros años de exilio, aparecen, sin ser las únicas, 5 esdrújulas en ocho versos consecutivos. Cabe aclarar que en este poema nos habla Lucas de la recomendación de cambiarse o abreviarse el nombre, que le hacen en el Departamento de Inmigración al aprobársele la ciudadanía de este país. "Tierra de promisión" abre con una esdrújula en su primer verso, al contarnos el poeta:

> Me sugirieron un **patronímico** nativo
> para que no me sintiera extranjero
> y yo lo rehusé muy cortésmente...

y sigue el poema sorprendiéndonos con 5 esdrújulas más:

> ¿Cómo podía **cambiármelo**? ¿Cómo se encontraría
> la fosca voz **cantábrica** que clama en mis adentros?

Y así seguí **nombrándome** un Lamadrid **celtíbero**.
Mas tuve que quitarme mi Moya de Levante,
mi vertical **geográfica** de sol y de naranjas...
¿Cómo podía **cambiármelo**? ¿Cómo se encontraría
la fosca voz **cantábrica** que clama en mis adentros?

Nos asombra el poeta con el dominio de sus esdrújulas protagónicas en el poema "Variantes de la indignación" (*Trayectoria de la indignación*), de vuelo poético *in crescendo* que anuncia desde el comienzo una poesía intimista y confesional:

Desde alguien que he sido
desde algo que acaso nunca fui...

En este poema encontramos las acertadas esdrújulas **sórdido, nómadas, perisféricas, epidémicas, ámbito, íntegra, círculos, lápidas, metálico, artrítico, íntimo.** También de *Trayectoria de la indignación*, es "Viñeta de la incuria-Barrio de inmigrantes", donde no hay que aclarar ni el alcance ni la intención de voces como **luciérnagas, tímpanos, sórdidas, narcómanos, cadáveres**.

En *Retablos esperpénticos* la voz esdrújula no es ya de rebeldía y de indignación, sino de desencanto, protesta y rechazo. El poeta usa **9** esdrújulas en los 11 versos del poema "Simplificación de Eros". ¿Repite Lucas Lamadrid sus esdrújulas? ¿Cómo hacerlo si son ellas las protagonistas del poema?

Aquí las esdrújulas van de **lágrimas** y **súplicas** hasta **glándulas, émbolo, estímulos, metafísicos, automáticos** y **orgásmicos**, porque, nos dice el poeta:

Resortes **automáticos**
echan a andar la fiebre del deseo...

y se pregunta sarcástica y dolorosamente,

¿para qué **lágrimas**, madrigales y **súplicas**?

En "Rock Video" Lamadrid utiliza, de manera genial, **20** esdrújulas en treinta y seis versos, logrando el efecto caótico de una desenfrenada música *rock*. Aquí las esdrújulas se contorsionan, bailan y gritan en lo que describe el poeta como:

... **óptica** musical hiperactiva
Terpsícore y Orfeo plebeyizados
gimnástica hormonal
con lenguaje **mimético** de **símbolos**
barbarie **coreográfica**
crescendo **rítmico** hacia el **vértigo**
dialéctica suicida que anticipa
y concibe la muerte como orgasmo.

Asombra el nuevo y atinado despliegue de las otras voces esdrújulas que sacuden este poema: **zoológicas, atabálicos, paroxíxticos, micrófonos, falópica, frenéticos, lúbricas, íncubos, súcubos, psiquedélicas, coreográfica**, protagonizando lo que ve el poeta como un "barajar a Bach, Vivaldi o Stravinsky/ con especies zoológicas de insectos".

De *Retablos esperpénticos,* aunque fuera del contexto del poemario por su temática y su lirismo, son también los poemas "Trayecto del asombro" y "Génesis del poema". Las voces esdrújulas en "Trayecto del asombro" son ahora figuras protagónicas del amor y del estreno de la experiencia sexual: **súbito, vértigo, insólito, cóncavas, párpados, cálidas.** En "Génesis del poema" encontramos **15** esdrújulas en treinta versos. ¿Qué voces acoge Lucas para darnos el alumbramiento de la creación artística? **Cántico, imágenes, ámbito, límites, líquido, erráticas, sílabas, relámpagos, inmóviles, pirámides, anárquicas, vibrátiles y libélulas,** para cerrar el poema con dos versos de singular belleza:

Abre el sueño las alas
y en una angustia de papel nace el verso.

Trabajaba el poeta en *Panoplia de símbolos* cuando lo desarma la enfermedad y lo silencia la muerte. En este poemario regresa Lucas Lamadrid de la ira y la protesta para abrazar el lirismo de sus primeros libros, ahora más sosegado, más hondo y filosófico. Baste citar estos versos del poema "Herbáceo":

Como brisa en el viento (…)
mezclarme con el polvo, detenerme
quizás en un jardín, un páramo o un huerto (…)
amar y ser amado entre las yerbas,
fecundar, germinar, multiplicarme
para un prado o un césped.

En *Panoplia de símbolos* las esdrújulas, como siempre, acertadamente seleccionadas y nunca reptidas. En el poema "Trasluz" encontramos **10** en sus veinte versos; **7** en el poema "Inicial" y **13** en "Madrigales de la era espacial"; pero no las agresivas voces de rechazo de sus poemas indignados, sino iluminadoras aliadas del discurso poético. ¿No son acaso exactas y enfáticas para visualizar los madrigales de la era espacial las voces **atmósfera, concéntrico, órbitas, centrípeda, cósmicas, satélite, búsqueda, hipsométricos, insólito, eléctricas y galáctico**?

La poesía de Lucas Lamadrid se dejó oír y sentir en voces y trabajos de reconocidos poetas: Ángeles Amber en Madrid; José Jurado Morales en Barcelona; Josefina Verde en Salamanca; Ángel Urrutia en Pamplona; Manuel de la Puebla en Puerto Rico; Oscar Abel Ligaluppi en Argentina; Rubinstein Moreira en Uruguay.

Preciso es decir que Lucas Lamadrid contribuyó a la narrativa, la ensayística y la crítica literaria con la seriedad y agudeza que le caracterizaba.

Su magnífico cuento "La encrucijada" se publica en Círculo (Vol X, 1982); su artículo "Marielitos y Cubanos sin Nombre" en La Tribuna (Sept. 5, 1983). Entre sus trabajos sobre poetas: "del Castillo, Amelia, Voces de silencio", Círculo (Vol X 1981); "Antonio Guirao Moreno-Creación de la Culpa", Círculo (Vol XII, 1983; "Ángel Urrutia Iturbe-Homenaje a la madre", con prólogo de Guillermo Díaz Plaja, Círculo (Vol XIV, 1985); "Pórtico" (Prólogo de Agua y espejos), Ed. Universal, 1986.

Guardo, entre las cosas que me entregó Cuca Forns, su esposa de tantos años, la entrevista que le hizo Roberto Cazorla, "Un poeta a punto de jubilarse" (El Miami Herald, abril 28, 1982) y los artículos publicados a su muerte, "Los cantos de Lucas", de Uva A. Clavijo (Diario Las Américas, mayo, 1983); "El poeta del silencio" de José Sánchez Boudy (Diario Las Américas, julio, 1987) y el artículo de Asela Gutiérrez Kann "Las palabras viven" (La Opinión, California) donde intercala una carta de Lucas.

No, no sufrió Lucas Lamadrid, como Vallejo, del mal de estar vivo. Inmerso en una sociedad ajena e indiferente a su problemática y desarraigo, sufrió el poeta un entorno inhóspito y hostil que denuncia y combate con sus mejores armas: la palabra, el verso, la poesía. Por eso ruega en su poema "Éxtasis" (*Cantos de dos caminos*), citado anteriormente:

Sí, quítamelo todo, Señor... Mas si es posible
¡déjame mi palabra! (78)

La palabra. La bella, honda y fuerte voz poética que nos dejó el poeta y que he querido compartir con ustedes.

Quede constancia en estas páginas del válido aporte de Lucas Lamadrid a la LITERATURA –en mayúsculas–, por referirme no a ésta o aquélla, sino a la Madre Literatura que acoge a todos los que saben desnudarse en verso.

Sí; en hojas de papel, testamento del canto, queda siempre la voz viva de los poetas muertos.

En hojas de papel nos dejó Lucas Lamadrid la validez de su canto.

Reúne los trabajos:

La voz poética de Lucas Lamadrid, VII Congreso Cultural de Verano, Círculo de Cultura Panamericano, Koubek Center. Julio, 1987.
Indignación, protesta y hallazgo en la voz esdrújula de Lucas Lamadrid,
XVI Congreso Cultural de Verano, CCP, Koubek Center. Julio, 1997.
Simbiosis erótica en un poema de Lucas Lamadrid,
XVI Congreso Cultural de Verano, CCP, Koubek Center. Julio, 2002.
Evocación de Lucas Lamadrid,
PEN Club, Koubek Center. 21 de febrero, 2009.

ADELA JAUME: LA VOZ CASI OLVIDADA

Sucede, que algunas veces nos asalta el recuerdo de esos amigos poetas que se nos "mueren a chorros" (parafraseando al poeta cubano Orlando Rossardi), esos que parecen decirnos que no, que no se han ido; que somos nosotros los que hemos echado a un lado sus voces y sus versos.

Estas brevísimas cuartillas nacen al calor de uno de esos momentos, cuando, ordenando papeles, me duelen en las manos poemas y cartas manuscritas de Adela Jaume y me prometo no echar a un lado ni la voz, ni los versos, ni la personalidad y trayectoria de esta mujer que tanto dio a la Cuba de un ayer que se nos está haciendo más y más lejano, y a un exilio que fue para ella difícil y poco piadoso.

Aunque con limitada información, hilvano estas palabras amparada en la memoria, los datos que guardo del Grupo Artístico Literario Abril (GALA), y el *Diccionario de Poetas* que tan sabiamente editó Pablo LeRiverend.

Adela (Adelaida) Jaume nace en La Habana el 15 de abril de 1912, cursa su primera y segunda enseñanza en el Colegio Teresiano de La Habana sin descuidar las actividades artísticas que llenarían luego su vida: pintura, piano, teoría y solfeo, canto, ballet, bailes españoles. Más tarde estudiaría inglés, francés y alemán en La Habana y en la Escuela Oficial de Idiomas de Madrid, y Periodismo en la Escuela Manuel Márquez Sterling de La Habana y en la Escuela Oficial de Periodismo de Madrid.

Se casa tardíamente con un español con largos años de residencia en Cuba, y en septiembre de 1970 salen ambos

al exilio instalándose en Madrid.
Adela nos dejó tres libros de poesía y una obra inédita considerable. En La Habana publica *Dádiva* (La Moderna Poesía, 1946), *Mi muerte para tu amor,* (Imprenta Lex, 1948) y *Génesis*-**Versos (1937-1941)** (Editorial Lex, 1954). Su salida al exilio, la traumática experiencia de una vida conyugal desafortunada que le tocó vivir en España, y su precaria vida de exiliada en Miami le impidieron publicar algo de una vastísima obra inédita que incluye poesía, ensayo, numerosos artículos sobre artes plásticas, cuentos, una novela y una obra de teatro. Es lamentable que a su muerte quedaran dispersos estos trabajos, con excepción de los poemas que conservo (algunos entregados personalmente, otros, recibidos por correo) y lo que guardaban de ella Gladys Zaldívar y Concha Alzola.

Solamente en poesía, sabemos de los poemarios escritos en La Habana: *Elegías* (1930-1931); *Mínimas* (1937-1939); *Milagro* (1942-1944); *Penumbra* (1945-1946); *Destino de la luz* (1953-1954); *Poemas de amor y mar* (1954-1959) y *Tres poemas en francés* (1967).

En Madrid escribe, *Mi dulce hogar (Poesía esperpéntica)* y *Poemas del regreso*. Mucho de esta obra inédita leyó Adela en las reuniones de escritores y poetas de GALA.

Entre sus ensayos, cita Pablo LeRiverend en el *Diccionario de Poetas*: "Viaje a través de mi emoción lírica" (Ateneo de La Habana, 1944), conferencia leída en el ciclo, "Los Poetas Jóvenes de Cuba explicados por sí mismos", bajo la dirección de José María Chacón y Calvo; los ensayos "Marcelina Desbordes Valmore", "Delmira Agostini", "Mi viaje a Grecia", "Gabriela Mistral", y dos ensayos sobre el poeta Guillermo Villarronda a quien dedica mucha, si no toda su poesía amorosa.

Citados también por Pablo LeRiverend, e incluidos por la autora en datos para los archivos de GALA, están las proyectadas publicaciones, "Diccionario de los Ismos en las Artes Plásticas" y "Diccionario de Modismos y Giros Lingüísticos del Idioma Francés".

Luchadora incansable por los derechos de la mujer, de atrayente personalidad y carácter fuerte e impulsivo, Adela Jaume fue redactora de la Sección Cultural y Crítica de Artes Plásticas del *Diario de la Marina* desde 1938 hasta 1960; la primera mujer elegida al cargo de Delegada del Centro de Trabajo de ese periódico, y Presidenta de la Comisión de Cultura del Colegio de Periodistas de La Habana.

Durante sus siete años de exilio en España ofreció lecturas poéticas, conferencias y exposiciones de su obra pictórica en Madrid, Salamanca y otras ciudades españolas recibiendo premios de prestigio, entre ellos el "Premio de Crítica del Instituto de Cultura Hispánica de la II Bienal Hispanoamericana de Arte".

Decide dejar Madrid y llega sola a Miami en diciembre de 1977, donde reside hasta su muerte en 2002. Desarrolla en esta ciudad floridana una amplia labor cultural y periodística, no sólo como columnista del Semanario Universal, sino publicando trabajos sobre arte, literatura, poetas y pintores en diversos diarios y revistas.

Fue Miembro de diferentes instituciones culturales y radiales, entre ellas el Grupo Artístico Literario Abril (GALA) del que fue miembro fundador, Directora de su Capítulo de Artes Plásticas, miembro de su Junta Directiva y Presidenta.

Dicho a saltos muy poco de lo mucho que quisiera decir, ahondemos un poco en una voz lírica que transitó sin titubeos ni remilgos los caminos del verso. En la poesía de

Adela escrita en Miami –con excepción de un bellísimo poemario erótico premiado– hay un angustioso cuestionamiento: aceptación/rechazo, ser/no ser, creer/no creer. En muchos de los poemas que leyó para nosotros nos llegaba el "Vivo sin vivir en mí (...) muero porque no muero" de Santa Teresa.

Adela Jaume dejó su definición de la poesía en el *Diccionario de Poetas* de LeRiverend: "Poesía es mirar la realidad a través del prisma del subconsciente y la imaginación"; y a través de ese prisma nos regaló una voz poética que no desestimaron los Jurados de certámenes literarios por los que transitó la poeta con selecciones de su vasta obra inédita.

Vuelvo al poemario erótico mencionado anteriormente para destacar su total dominio del lenguaje. Fui miembro del Jurado de ese certamen, y nos resultó interesante apostar sobre si el fino, sugerente y hermoso erotismo de aquellos versos eran de un hombre a una mujer, o a la inversa. Fue una verdadera sorpresa descubrir que eran de Adela Jaume y dedicados a una gata.

No fue éste ni el primero ni el último premio alcanzado. En 1981 obtiene el "Premio José María Heredia" de la Asociación de Comentaristas y Críticos de Arte de Miami (ACCA) con trabajo presentado bajo el título "En el lugar de los sin cuerpos"; pero ya venía Adela Jaume tomándole el pulso a su poesía en Miami, New York y España mereciendo, antes y después de esa fecha, accésits y menciones diversas.

Del Círculo de Escritores y Poetas Iberoamericanos de New York (CEPI) obtiene en 1979 un Accésit y una Mención de Honor con poemarios titulados "Invitación al llanto" y "Los túneles enmohecidos"; en 1980, Accésit y Mención de Honor con dos poemarios: "Mi cielo y yo" y "La llaga y el sueño"; en 1982 un Tercer Premio con "Donde la luz no muere", y en 1985 Mención de Honor con el poemario "Que sea la luz".

Con diferentes poemas de "Los insólitos atrevimientos" recibe en 1984 una Mención de Honor del Ateneo de Salamanca y otra de la Asociación de Comentaristas y Críticos de Arte de Miami (ACCA).

Para acercarlos más a esta mujer casi olvidada, comparto con ustedes algunos de mis recuerdos.

Adela Jaume tenía una hermosa, firme y educada voz, sorprendiéndonos siempre el tono entre agresivo y retador que utilizaba al leer sus poemas. Su juicio crítico era conocedor, acertado y apabullante. "¡Eso no sirve...!", le oí decir más de una vez a poetas jóvenes que se nos acercaban, y que no tomaban en serio sus exabruptos sabiendo que enseguida les aconsejaría sabia y desinteresadamente.

De sus libros sólo tengo *Génesis-Versos (1937-1941)*; pero no quiero detenerme en una poesía tan lejana a la Adelita Jaume que conocimos, a la voz casi olvidada que no quiero olvidar.

Prefiero dar un salto poético a junio 5 de 1999, cuando recibo una desgarrada carta suya donde, sabiéndose muy enferma, adjunta poemas inéditos y me dice: "(...) Escribí estos versos entre el mes de julio de 1996 y mediados de marzo de 1997 (...) Ya me dirás que te parece mi testimonio poético".

Sean parte de este trabajo algunas líneas de mi respuesta:

"(...) El poemario –como todos los tuyos– es muy bueno. Hay en ellos mucho dolor, mucha rebeldía; pero ahí está, en pie, la Adela que no se deja vencer. (...) Bellísimo y antológico tu soneto "Oráculo".

Gracias de nuevo por el placer de leer buena poesía...".

Desafortunadamente, me autorizó a entregar el soneto "Oráculo" para su publicación y nunca me lo devolvieron, pero quede aquí su "Agonía":

Muéreme ya, sin sangre y sin sentidos
–ráfaga, espuma, delirante sombra–.
Muéreme ya –sonata hecha gemidos–
alma errante no mas...¡grito que asombra!

Y en la meta crucial de mi aventura
por este mundo cruel que nos deshace,
lego a éste, de tanta desventura,
el eco de mi voz... que en luz renace.

Éste y todos los poemas recibidos están firmados por Adela, son representativos de la poesía desgarrada de sus últimos años y tienen la misma y angustiada temática de la muerte. En ellos hay dolor, pero no derrota; incertidumbre, pero no negación; oscuridad, pero también luz.

Vuelvo ahora a ampararme en pliegos que guardo de Oscar Fernández de la Vega, fechado el último en New York, Mayo 1996, dedicado al día de las Madres, donde incluye el magnífico "Canto a la Madre" de Adela Jaume del que cito la última estrofa:

¡Madre! Semilla fértil dividida en relámpagos
que en cristales lumínicos retozan.
Madre: ¡copa de vida, copa de vida plena
que para dar la vida temblando se destroza!
¡Madre! Porque tú fuiste quien inventara el beso,
¡vayan todos los besos a posarse en tu boca!

En el mismo pliego de Oscar Fernández de la Vega aparece una foto, y al pie de la misma:

"Almuerzo ofrecido en el Vedado Tennis Club a la periodista Adelita Jaume que regresó de España donde obtuvo el Primer Premio de Crítica del Instituto de Cultura Hispánica de la II Bienal Hispanoamericana de Arte. En esta mesa: Lilia Castro de Morales, Mariano Brull, Mercedes Carballal de Remos, Miguel A. Carbonell, la festejada, Dr. Juan J. Remos e Hilda Parés de Carbonell".

Otro poema de Adela Jaume que recoge en sus pliegos Oscar Fernández de la Vega como digno de divulgación, es "A Doña Leonor Pérez, madre del Apóstol de Cuba", incluido en los poemas inéditos que me envía y que abre con esta bellísima estrofa:

Porque de lirios eras te desgajaste en lirios,
porque de aromas eras nos penetró tu aroma,
porque el Creador te hizo
con todas las espumas, nos inundó tu espuma
en el pétalo blanco de tu bendito hijo...

Termino con el poema "Inaccesible" –de perfecto corte clásico– por ser válido ejemplo de su voz lírica, por estimarlo mensaje y despedida, y porque ese "**no me importa**" del primer verso y los **"soy yo"** de la última estrofa son representativos de su personalidad y carácter:

Voy a la muerte incierta... y **no me importa**.
Vuelo sin alas pues el alma impele,
caigo o me empino en un esfuerzo extraño...
Vago por rutas de ignoradas señas.

Ora consciente, ora enfebrecida,
brindo por esos dioses insepultos
y me yergo a rozar lo inaccesible:
altas promesas y dudosos cielos.

Entre un vaivén de irónicas ofertas
me lanzo a conquistar lo inalcanzable.
Vago perdida por pradera incógnita,
resurjo de una mar inexistente.

Pero siempre **soy yo; soy yo**, de antaño
atada a las consignas sin sentido.
Soy YO: un alma más, que en imposible
volar sin alas… ¡marcha hacia el misterio!

"Soy yo", nos dice. Y me hace pensar en cuánto dejó de su vida y su obra en Cuba y en el Exilio. Y me hace recordarla con sus virtudes y sus defectos, con su sensibilidad y su rebeldía, con su angustioso indagar en el ser y no ser, la vida y la muerte, la duda y la fe.

Y me hace escribir estas breves líneas para aliviar el casi olvido de la mujer, la periodista, pintora, poeta y ensayista que fue Adela Jaume.

Sinalefa-**Revista Internacional de Arte y Literatura,**
No. 29. New York-Mayo/Agosto, 2011.

LA VOZ POÉTICA DE PURA DEL PRADO

La poesía, que se anticipa a la Literatura para reclamar su papel de narrador protagónico de la Historia requiere, como ésta, decantación, distancia y objetividad. ¿No resulta entonces incongruente hurgar hoy en una poesía tan cercana a nosotros? Encuentro, quizá entre muchas otras, dos respuestas a esta pregunta.

Primero, la personalidad, la vida y la obra de Pura del Prado siempre a contrapelo del tiempo, las mormas, los moldes, los encasillamientos.

Luego, mi interés en indagar en la poesía de esta "antillana rotunda" (permitiéndome usar el título de un libro del poeta cubano Julio Hernández Miyares); poesía que, cubana por excelencia, ha sido recogida en antologías de poesía antillana e hispanoamericana.

Pura del Prado nace en Santiago de Cuba el 8 de diciembre de 1931 y muere en Miami el 16 de octubre de 1996. Su poesía, traducida y antologada, aparece, entre otros, en los libros *Las mejores poesías cubanas*, Barcelona; *Antología de la poesía hispanoamericana*, Buenos Aires; *Cinco poetisas cubanas*, Salamanca; *Las mejores poesías de amor antillanas*, Barcelona; *Triángulo de poesía rioplatense - Poemas del Caribe*, Chile; *Poesía cubana en el exterior*, Amsterdam; así como en antologías de poesía cubana impresas en Rusia y Alemania.

Quehacer poético seleccionado de sus libros y publicaciones *De codos en el arco iris, Los sábados y Juan* y *Canto a José Martí* (impresos en La Habana en 1953), *El Libertador-Biografía Poética de Simón Bolívar*

Palabras al vuelo

(Caracas, 1955), *El río con sed* (La Habana, 1956), *Canto a Santiago de Cuba y otros poemas* (Imprenta Revolucionaria Clandestina, 1957), *La otra orilla* (Madrid, 1972), *Otoño enamorado* y *Color de Orisha* (Barcelona, 1972), *Idilio del girasol* (Barcelona, 1975).

El hilo de esta madeja poética nos lleva a Santiago de Cuba, la provincia más oriental de Cuba. La del paisaje agreste y exuberante; la del clima más cálido y luz y sabor antillanos; la de estirpe guerrera y musical.

Si el entorno marca y define la gestación de toda manifestación artística, no debe sorprender que la obra de Pura del Prado sea apasionada y tierna; sencilla y honda; erótica y religiosa; cromática y desbordada.

La vida de esta mujer –como la de tantos poetas– estuvo marcada desde su nacimiento con el signo atormentado de la genialidad. Sabemos que escribe versos desde niña; que se hace Maestra en la Escuela Normal de Oriente; que se traslada a La Habana para ingresar a la Facultad de Educación de la Universidad donde obtiene su doctorado; que estudia en el Seminario de Artes Dramáticas y en la Escuela de Periodismo; que trabaja en el Tribunal de Cuentas de la República; que colabora en casi todos los periódicos y revistas importantes; que su poesía es reconocida ampliamente, y que se gana el aprecio y la admiración de escritores y poetas dentro y fuera de Cuba.

Pero hagamos un alto y dejemos a Pura tomar el papel protagónico que le pertenece. Del "Preámbulo" a su libro *Color de Orisha*, dedicado a Lydia Cabrera, recojo a saltos estas líneas que no sólo nos regalan datos personales que ayudan a estudiar su obra, sino que nos acercan a la raíz de su religiosidad y a la temática de su libro *Color de Orisha*.

Nací y me crié en casa de una negra fabulosa que se llamó Leonor Echavarría. Veterana Mambisa,

Amelia del Castillo Martín

novia del General Libertador Guillermo Moncada (...) Abatido por las fuerzas hispanas cuando ella estaba deportada en Barcelona, regresó Leonor (...) para casarse con un español de ojos azules (...) Convivía con ellos una sobrina, mulata clara, estupenda y religiosa mujer (...) No solamente mi casa estaba **racialmente integrada**, sino también el barrio de mis primeras visiones, donde **negros, blancos y mestizos vivían en santa paz** de Dios y armonía inolvidable. Mi mejor amigo fue un negrito al que me atrevo a llamar hermano (...) En esta familia de **acendrado catolicismo** (...), había no obstante la **influencia fortísima de los santos africanos**...

LA MUJER

Para acercarnos a la poesía de Pura del Prado, que explora toda la gama poética sin perder intensidad, se hace imprescindible ahondar en la mujer que la germina y recrea. ¿Cómo era Pura del Prado?

La amistad y el afecto que me acercaron a Pura me autorizan a presentarla ante ustedes; pero, reconociendo que pudiera ser la mía una opinión poco objetiva, prefiero citar líneas sueltas de lo escrito por ella para las solapas de su libro *Idilio del girasol*:

> Pura del Prado, cubana (...), ciudadana del amor, conflicto viviente (...). Ha amado, parido, publicado combatido, acertado y errado atrozmente (...) Ha sido elogiada y escarnecida, traducida e ignorada, antologada y olvidada (...) Ha conocido el infinito de la compañía y el abismo feroz de la soledad ...

En dos autorretratos de su libro *Otoño enamorado*, se desnuda Pura por fuera y por dentro cuando se describe en dos poemas antológicos.

En "Retrato" nos dice:

> Dios me ha dado un cuerpo grande
> como la montaña donde habitan alondras.
> Huesos fuertes, altos, de templo, torre y palacio (...)
> Tengo el rostro de una máscara azteca,
> ojos que aletean a la manera de los colibríes (...)
> Pero no te equivoques (...) Mi alma es fina
> como el canto de las flautas,
> como el temblor de los tomeguines (...)
> Por dentro de mí moran cristales.
> Finas mariposas de luz. (17-18)

En "Convite" la voz lírica se ahonda y erotiza:

> Tengo el vientre tatuado de caricias y gérmenes calientes / detrás de mí hay millares de cópulas oscuras / y en mi boca hay heridas de espasmos y de dientes... (15).

Auto-presentada la mujer, ahondemos en esta voz poética que sabe transitar por la sensualidad, el erotismo, la religiosidad, la denuncia y la protesta ajustándose magistralmente a cambios inesperados sin perder la fuerza, el lirismo y la gracia criolla que la identifica

Leer a Pura del Prado es adentrarse en una conciliación de opuestos que desarma. Y desarma, porque es sorprendente que en una mujer tan mujer; en una poeta tan poeta; en una poesía que con tanta fuerza anda y desanda tantos y tan variados estados anímicos inquietantes, nos salgan al paso vocablos tan tiernos como *niña, lazo, enagua, capillita, pan, miel, nata...*

COLOR Y PAISAJE

En la obra de esta poeta son protagonistas indiscutibles la luminosidad del campo de Cuba, el abrupto paisaje de su provincia, la ciudad, los parques, la gente, las frutas tropicales, la música, el color; sin faltar en su poesía el sentido del humor que nos regala en sus poéticas descripciones de lo cotidiano: los lunes de limpieza, los muebles, la casa... *Ay, Señor, que en esta casa/ no quieren una poeta!*

A las gentes y a su ciudad nos acerca Pura del Prado en el poema "Velita prendida por un santo verdaderamente cubano" (***Idilio del girasol***) cuando nos dice:

Yo quería un santico de mi pueblo (...)
un santico ingenuote de provincia
de mi aldea, mi mundo, mi cariño, mi campo...(89).

El color en esta poesía arroja mucha luz sobre esta poética femenina, y nos lo da del Prado en diecisiete sonetos reunidos bajo el título de "Sonetos de Colores" que aparecen en ***Idilio del girasol*** y en los dieciséis Cantos, de extraordinaria riqueza metafórica, que nos regala en ***Color de Orisha***.

En "Sonetos de Colores" la poeta, sin romper el cerrado círculo de la forma, juega con imágenes y sinestesias para darnos un calidoscopio de colores, diciéndonos, del blanco, **hospedaje de la esencia**; del violeta, **tu surco besador;** del rosado, **lengua de rumor felino**; del verde**, en mi otoño está tu primavera**; del dorado, **me traspasa el vitral tu** miel entera; del rojo, **a sangre entera te amo, a vino hirviendo**; del amarillo, **muerte suspendida**; del negro, **agujero de tu ausencia...** Y así, del marrón, el azul, el cobrizo..., hasta colorear y vestir lo incoloro, que es:

No la nada, pues vive y su vivencia
se siente patalear en mi amargura (17).

En *Color de Orisha,* el más más estudiado y comentado de sus libros, del Prado incursiona en el tema de la Santería –sincretismo de las religiones católica y africana– volviendo a jugar a gusto con los colores en un despliegue de ritmos y métricas muy diversos.

El libro está dividido en dieciséis Cantos dedicados a cada una de las divinidades lucumíes, y la poeta asigna color y sabor a cada uno de estos Cantos, transitando por ellos sin que la voz pierda su fuerza y su lirismo. De los dieciséis Cantos cito:

De "Amarillo", (Canto a Oshún, la Virgen de la Caridad del Cobre):

Este sábado cinco manantiales danzan
ambarinos de **sol** (...)
quince pájaros surcan un río de **topacio** (...)
La **aromática** Oshún ha pasado
dejando una estela gozosa en el otoño
La **parda** Oshún espolvoreada de **canela**
tiene un gajito de botón de **oro**
en el ombligo... (69-70).

De "Tricolor" (Canto a Inlé, San Rafael Arcángel):

¿Quién puede quitarle a un **negro** la sensualidad?
(…) Inlé con collares de **ámbar** y tres **azabaches**,
Inlé con **jarabes** de **chayote**
Inlé de **zumo de manglé**, Inlé con un cinturón
de **semillas de marañón**… (88-89).

RELIGIOSIDAD

Como en toda su poesía, hay en los poemas religiosos de Pura del Prado esa conciliación de opuestos que señalé antes. Sabemos, por el Preámbulo a *Color de Orisha*, que creció en el seno "de una familia de ascendrado catolicismo", y en el poema "Añoranza" (*Otoño enamorado*) nos da su recuerdo de una niñez de colegio, monjas y flores a la virgen:

¡Oh mi infancia de monjas aldeanas
y de la media gris por la rodilla...(120).

De "Nuestra semana de Pasión" (*Idilio del girasol*), compuesto por ocho largos poemas a la semana santa, escojo de "Miércoles de Pasión":

Porque te amo lo mismo que me quiero
doy mi perdón a todos, me perdono,
te perdono y perdono al perdón mismo (...)
En ti se sana mi almacén de llagas,
en ti me enjuago y salgo de azucena (156).

¿No está aquí el estremecimiento de los grandes místicos? ¿No recordamos a Fray Luis de León y San Juan de la Cruz y Santa Teresa al leer estos versos?

Pero Pura, en un giro perfectamente orquestado, nos sorprende con el soneto "La monja" (*Idilio del girasol*) de impecable tradicionalismo, donde la estructura formalista no logra atenuar la inesperada irreverencia de imágenes como éstas:

> La monja se ha vestido de naranja (...)
> cuando ya le han mondado todo el oro
> Se resigna a vivir su vulva quieta,
> su batintín sin mazo, su pelagra (107).

En la bellísima "Elegía de Año Nuevo" –también de *Idilio del girasol*– compuesta de doce poemas de diferente extensión y métrica, se entrelazan la religiosidad y el erotismo en versos donde Pura da a cada poema, y hasta a cada fragmento, la estructura que reclama el discurso poético. Del primer fragmento:

> La pureza ha llegado católica y perfecta.
> Con su vestido de estampita
> fileteada de oro (...)
> Me dice paz.
> La escucho...(137)

Del fragmento número XI:

> Compañera a sol y sombra
> de tu sed y tu sangre (...)
> Ser el arco de tus flechas,
> la pista de tu pecho,
> el ejercicio de tus auroras,
> la huésped de tu piel (...)
> Dejar tu ruiseñor en mi ventana
> y entrarlo a pluma entera
> en mi aposento...(143-144)

Antes de adentrarme en el erotismo que ya anuncia este poema, digamos que la poesía religiosa de Pura del Prado –como su vida– toma de pronto otro rumbo; pero a este cambio me referiré más adelante por ser parte substancial y recurrente de la enajenación en su poesía.

EROTISMO

De lo erótico en la poesía femenina se ha escrito mucho, pero no es mi intención compartir o cuestionar juicios críticos. Creo que lo erótico en poesía está a versos-luz del mal gusto, la vulgaridad y tantas otras manisfestaciones exhibicionistas que sólo alcanzan a enturbiar la belleza que el tema puede y debe tener.

En la fiesta que es adentrarse en la poesía erótica de Pura del Prado, sorprende la franca conciliación en que transita por la paz, la ternura y el erotismo regalándonos una cromática explosión de imágenes y palabras. Para poemas tan opuestos como "La embarazada", "Vacación del modisto", "Convite" (citado anteriormente) y "Rescate", tiene del Prado el discurso poético que precisa cada uno de los poemas.

Gracia, ternura y elementos cubanos del lenguaje en "La embarazada" *(Otoño enamorado)*:

Me siento dulce y cargada
como una mata de anón
y traigo de corazón
la cintura alborotada.
Es fácil que me confunda
la lluvia cuando me halle,
ando redonda y fecunda
como un campo por la calle...(192).

Voluptuosidad y juguetón desenfreno de la voz poética en "Vacación del modisto" *(Otoño enamorado)*:

> Estoy aquí tendida como el aire
> del ardor veraniego (...)
> Con mi escondite de panal profundo (...)
> esperando que sueltes en mi tierra
> tus cachorros de fuego (33).

Fino erotismo en "Rescate" *(Idilio del girasol)*:

> No sé de las presiones mojadas de tu boca
> sorbiéndome como al océano (...)
> No sé nada de ti, a qué temperatura
> te estremeces y brincas,
> cómo tamborilean tus latidos
> de sofocación, de siervo desesperado,
> cómo arrastra cristales el túnel de tu vientre (121).

La poesía de Pura del Prado ni pierde hondura cuando recrea palabras tiernas, ni hiere cuando se rebela, ni lastima o incomoda cuando se vuelca en intimidades. Sí logra, magistralmente, la conciliación de opuestos y el dominio de una voz lírica que sabe jugar a gusto con el lenguaje.

EXILIO

Transitar por la poesía de Pura sin tocar la huella del exilio sería negarle sangre y savia. Para sentar las raíces de su poesía de denuncia y protesta, comencemos por sus años de estudiante en la Universidad de La Habana, cuando se une a la lucha clandestina contra un sistema de gobierno que rechaza; cuando fracasados los ideales perseguidos abandona patria, reconocimiento y vigencia. En el exilio, al saberse o creerse aludida en el poema "Tengo" de Nicolás Guillén *(Grandes elegías y otros poemas)*, que llega a sus manos desde Cuba, y del que cito: "Tengo, vamos a ver/ tengo el gusto de andar por mi país/ dueño de cuanto hay en él", responde en el mismo tono Pura del Prado con su poema "Respondo yo" *(La otra orilla)*:

No vivo muda, poeta/ siembro canción/
nadie me quita mi Cuba/ Cuba soy yo... (77).

Y en su poema "Aquí no" *(La otra orilla)* musicalizado por Sergio Fiallo, nos dice:

El día que yo me muera
se va a morir Cuba un poco,
porque mi espíritu loco
tiene zumo de palmera.
¡Llévenme para allá!
Aquí, no. ¡Qué va!

El día que yo me muera
mi Patria andará difunta,
de luto el río, la yunta,
fúnebre la guayabera.
El día que yo me muera
la Isla andará llorando (...)

El día que yo me muera
donde al Señor se le antoje,
mira a ver quién me recoge
y me repatria a mi acera (...)

¡Prométanmelo, soldados!
¡Roto este muro de hierro,
no dejen en el destierro

mis huesos abandonados!
¡Llévenme para allá!
Aquí, no. ¡Qué va! (20-21)

Y no. No están en suelo extraño los restos de Pura del Prado. Los guarda celosamente su tierra oriental en el cementerio de Santa Ifigenia de Santiago de Cuba bajo el nombre de Esther Pedraza, su primer nombre y el apellido del que fuera su esposo.

La poesía combativa de sus años de Universidad, así como la de su libro *En la otra orilla*, bastarían para un amplio trabajo sobre el tema.

En *Anales Literarios-Poetas*, Num. 2, Vol. II, 1998, editado por Matías Montes-Huidobro y Yara González-Montes, donde aparecen diecisiete trabajos de crítica literaria sobre poetas cubanas exiliadas, nos dice el Profesor Armando González Pérez en el trabajo dedicado a Pura del Prado: "La poeta humaniza a su querida Isla. La ve como algo perenne, intemporal e inmutable, que sobrevivirá a pesar de los sucesos históricos y de los cambios políticos; vale decir, a pesar de las fallas e inconstancias del hombre", y cita del libro *La otra orilla*:

La Isla estará siempre invictamente viva/ aunque faltemos/ (...) y ojalá que se llame siempre Cuba. (86)

Del mismo libro es el poema "A un poeta preso en Cuba" dedicado a Ángel Cuadra, del que cito:

No supo rimar con tiranías
ninguna metáfora (...)

Y si ahora digo tarde, azul, frescura, libertad,
amor, niño, mañana (...) es porque él allá opone
el flanco a la bayoneta (98).

En mi trabajo "El hilo conductor en la censura, el exilio y la auto-censura", presentado en el II Encuentro de Escritoras Latinoamericanas celebrado en Guadalajara, México y recogido en *Libertad condicional* (International PEN Women Writers Committee, La Luciérnaga Editores, México 2000, págs. 37-48) me referí a la autocensura que se da en los poetas de largos años de exilio cuando, ante la realidad de un entorno al que le son extraños voz, desarraigo y problemática, embridan la palabra.

La lectura de los trabajos sobre poetas cubanas que aparecen en *Anales Literarios* bastaría para identificar este denominador común de la poesía de exilio.

Algunos de los Profesores y críticos que comentaron la obra de las autoras incluídas, resaltaron que alusiones a la Isla y al exilio latían en muchos poemas, aunque no apareciera en ellos la palabra Cuba.

Pura del Prado se sale del molde. No se permite el embridamiento, no disfraza el grito y –quizá amparándose en un mecanismo de defensa– se vuelca enajenadamente en una temática religiosa, destruye ejemplares de sus libros, y nos priva de la poesía de sus últimos años al destruir también su obra inédita.

De esta caída son los poemas bíblicos y los cinco sonetos que mencioné al tratar la religiosidad en su poesía, y que me llegaron en cartas donde se mezclan juicios críticos, divagaciones e incoherencias.

ENAJENACIÓN

Pura del Prado –que sabe de caídas y resurrecciones–, se abate, se dobla, se vuelve contra la Pura que fue y quema cuanto libro y poema suyo alcanzan sus manos; pero, como negándose al resquebrajamiento, pone los ojos en Dios y escribe desordenada y febrilmente. El lenguaje poético, sin perder fuerza y belleza metafórica, se hace obsesivo, lacerante y, sobre todo, oscuro. Entre abril y julio de 1980 recibo de ella el poema "El vendaje" y sus cinco "Sonetos Dominicales".

"El vendaje" está mecanografiado y en el margen de la primer página escribió Pura: "Para Amelia del Castillo y Ernesto, con todo mi cariño, lo que Dios les escoge hoy. Besos".

El poema está dividido en tres cantos apoyados en citas bíblicas. Los primeros dos Cantos siguen una rigurosa estructuración de versos de dos hemistiquios octosílabos. El tercer Canto está formado por versos de dos hemistiquios de seis sílabas. La caída de la voz lírica y las persistentes rimas le impiden el vuelo que tienen sus otros poemas religiosos.

El "Canto I" está formado por veinticinco versos y del mismo cito los primeros y los últimos:

> Está el guardado en palacio
> (guedejas de alfiletero)
> con un pretorio en las carnes,
> zaheridas de él me muero.
> Demonios suenan a avispas
> al ras del dulce mollero
> cuando profieren injurias
> los labios de volcán fiero (...)

decir su amor a los hombres
aunque por sus astilleros
los barcos fueran de azotes
y de ofensas los veleros.

Los "Sonetos Dominicales" están manuscritos y dedicados: "Para Amelia del Castillo y GALA". En estos sonetos –de impecable corte si olvidamos el descuido o la voluntaria libertad de los dos tercetos del Soneto 4– el lenguaje poético se hace oscuro con el uso de palabras rebuscadas, alteradas o recreadas.

Del Soneto 1:

Incluída en la fauna a soledades,
intérprete del temple de la flora,
compatriota del polvo, espectadora
de población de seña en las ciudades (...)

Del Soneto 2:

Maníaco de rostros todo mella
y abusa el nubarrón de hieromancia (...)
su lámpara, su hondera en la delicia
de luz absuelta que sedienta noria ...

Del Soneto 5, el más bello y lírico, la primera estrofa:

Salmo en el que un rocío es el cordaje
sobre el gran secadal iluminado,
allí en la ruina entera me he encontrado
con el sistro más tierno del paisaje...

Estos cinco "sonetos dominicales" están manuscritos, y al final del último escribió Pura: "Joshua, Loth, Liebman,

Salmo 3, Peace of Mind, Methaphysical Fears, Fear wears many masks". ¿Qué llevó a Pura del Prado a esta poesía angustiada y obsesiva? Algo –no sabemos qué ni por qué– se quebró en ella. ¿Hurto de savia? ¿Desgarre de raíces? ¿Pasión desbordada que la fue desovillando hacia un enajenado final? La respuesta, como su vida, queda en sus versos.

Reúne los trabajos:

Conciliación de opuestos y dominio de la voz poética en la poesía de Pura del Prado,
Círculo de Cultura Panamericano, VIII Congreso de Verano, Koubek Center, University of Miami. Julio de 1998.
Erotismo y religiosidad en la poesía de Pura del Prado,
I Congreso Internacional-Comité Gestor de Festivales de Mujeres Escritoras. Santo Domingo, República Dominicana. Junio 27-29, 1999.
Paisaje y color en Pura del Prado. Celebración Cultural del Idioma Español, II Encuentro Internacional de los poetas de la Nueva Pléyade, Glendon College / York University, Toronto, Canadá. Septiembre 21-24, 2000.
Religiosidad y enajenación en una poética femenina,
Mountain Interstate Foreign Languages Conference, University of North Carolina, Wilmington. Octubre 11-13, 2001.
La voz poética de Pura del Prado,
PEN Club de Escritores Cubanos en el Exilio, Koubek Center, University of Miami. 6 de junio, 2007.

LO CRIOLLO EN DON SINSONTE

Cuando se me invitó a hacer la presentación de *Don Sinsonte de la Palma*; cuando me hablaron de unos versos que se iban al Génesis y recorrían la historia, los paisajes y las costumbres de nuestra Patria, confieso que me hizo titubear la amenaza de una poesía epopéyica, engolada, grandilocuente.

No fue esto lo que encontré en el libro de Salvador Subirá, porque el narrador es el sabio y delicioso Don Sinsonte de la Palma, y el protagonista no es un personaje, sino una isla.

Su autor logra llevarnos –no es otra su intención– en un viaje de cubanía, de amor y de fe; y lo hace con una sencillez, una gracia y un criollismo deliciosos que nos hacen reír, pero también llorar amando la espina que nos hiere.

La gracia y el criollismo son muy nuestros, muy cubanos. La sencillez es fruto de ardua labor de poeta que conoce su oficio, que sabe cuánto y cómo hay que domeñar la idea, pulir el verso, andar y desandar palabras hasta lograr el difícil manejo de la espontaneidad.

Salvador Subirá es un habanero que se siente camagüeyano. A gritos nos dice su Don Sinsonte que es hombre de verdes. De mucho verde y muchas palmas. El asfalto de las grandes urbes no cabe en esta comunión Hombre-Isla, Raíz-Vuelo.

Los valores existenciales de un libro manan de su autor, y no sorprende encontrarlos en *Don Sinsonte de la Palma*.

Salvador Subirá inaugura la vida en 1938; el presidio político en 1961; el exilio en 1979. Es arquitecto. Yo diría que es doblemente arquitecto porque es, también, arquitecto de la palabra Salvador Subirá sufrió 16 años de cárcel. Cree en la vida, en el hombre y en un mañana mejor. Salvador Subirá cree en Dios.

El libro que presentamos hoy, su primer libro aunque sitúa su vocación de escritor muy temprano en la infancia, se gestó en las largas horas de sus años de prisión. Solamente Dios y la Poesía pueden hacer el milagro de que un hombre entre rejas sea capaz de jugar con sustantivos como amor, tomeguín, ternura, cocuyo, mariposas...

Don Sinsonte de la Palma nos da la bienvenida con un hermoso "Gracias":

...por el regalo de amor
con que se forma el tibio nido de la vida... (17).

Y nos despide con un "Recordatorio":

...nacemos para cumplir ilusiones... (99).

Entre el Gracias y el Recordatorio hay un fluir del verso que escapa a resabios técnicos. Así lo anticipa el autor cuando nos dice que el libro no es "químicamente puro". Y no lo es; no puede serlo porque es justamente el rechazo a la vara de medir y a la fórmula prescripta lo que enriquece a **Don Sinsonte de la Palma** con climas poéticos tan acertados como difíciles de conjugar.

A grandes rasgos, digamos que hay en todo el libro un filosofar muy criollo:

> En un tinajón
> no cabe todo el aguacero
> pero sí lo que ha llovido
> sobre nuestro tejado... (15).

Una espiral lírica que nos atrapa:

> Era un tiempo
> solo
> enorme
> demasiado grande para el hombre
> y no había hombre... (19).

Una alusión a nuestro primer 20 de mayo sin patrioterismo, ni vericuetos, ni artificios. ¿Para qué si un verso puede decirlo todo?

> ...un mayo enamorado de sol... (27).

Una poesía tierna y estremecida:

> ...hojita tierna del color del musgo... (33).

> En una sombra del bosque
> hay un mundito de paja... (34).

Hay fuerza y recreación del lenguaje en el mestizaje de nuestras voces: sabicú, totí, pitirre, Camagüey, baitiquirí... Embridamiento de la idea y del verso en el poético recuento de nuestros indios, nuestros negros, nuestros mambises.

Del indio nos dice:

> ...vino desnudo (...) Trajo consigo el amor... (35).

Del negro:

> Y por el hojerío (...)
> ya asoman las risas blancas... (46).

Y de nuestros mambises:

> El mambí no existe en el tiempo
> porque
> no soportaría la jaula
> de una fecha (69).

Hay en todo el libro una intención,

> Ay, gallo, cuando tú cantes... (75).

y un criollísimo sentido del humor en su "Receta del ajiaco":

> añada dos criollos blancos
> a quienes adobará primero
> con una Nana negra
> para que pierdan la solemnidad
> y vayan olvidando la distancia... (78).

Salvador Subirá ha escogido muy sabiamente el verso de arte menor para muchos de los poemas, logrando no sólo agilidad y frescura, sino un aparente jugueteo que nos llega hondo despertando recuerdos y culpas silenciadas.

Sabe el poeta que el hombre, igual que el árbol, precisa de raíces para saberse vivo, y nos regala en **Don Sinsonte de la Palma** un diálogo delicioso con aquel hidalgo de "lanza y astillero, adarga antigua, rocín flaco y galgo corredor", del cual cito dos versos:

¿Por qué caminos de La Mancha
viniste a esta aventura americana? (65).

En fin; que Salvador Subirá tenía algo que decirnos y cala hondo cuando nos lo dice sencilla y agudamente. Nada de quejas, ni responsos, ni acusaciones que alboroten conciencias. Baste con despertarlas. ¿Qué mejor manera de hacer llegar su mensaje? ¿El mensaje que, como a todo poeta, lo condena al canto?

Presentación de *Don Sinsonte de la Palma*,
Museo de Arte y Cultura. Miami, Florida (1987).

LA ISLA EN TRES VOCES FEMENINAS DEL SIGLO XX

Si la primera mitad del Siglo XX recoge, entre otras, las voces líricas de mujeres de la América Hispana que dejaron huella en la Literatura: Gabriela Mistral (Chile, 1889-1957), Alfonsina Storni (Suiza/Argentina, 1892-1938), Juana de Ibarbouru (Uruguay, 1895-1980), Dulce María Loynaz (Cuba, 1902-1997); la segunda mitad trae a la Literatura Cubana las voces de Ana Rosa Núñez, Martha Padilla y Pura del Prado. Tres voces líricas perfectamente definidas que se hermanan en el desgarrón del exilio.

Cuba ha dado grandes poetas, y sabemos que gran parte de su mejor poesía fue escrita fuera de la Isla. No imaginaron las voces que recordamos hoy, que también ellas escribirían sus mejores versos en suelo ajeno.

En Cuba las acercó el amor a la palabra, al verso, a la poesía. En el exilio las unió e identificó lo que cada una de ellas trajo de la Isla que nunca imaginaron abandonar para siempre.

Si estudiamos la vida y la obra de Ana Rosa, de Martha y de Pura, encontraremos caracteres, vivencias y discursos poéticos muy distintos; pero, sobre todo, tres voces líricas que dejaron a la Literatura Cubana una poesía en la que, lamentablemente, no podré extenderme por ajustarme a la extensión de este trabajo. Básteme acercarlas a la Isla que habita y late en la contribución poética que nos legaron.

ANA ROSA NÚÑEZ (1926-1999) sale de Cuba en 1965. En Miami se integra al movimiento cultural de los primeros años del exilio empeñándose en preservar lo nuestro al recoger en *Poesía en éxodo* (Ediciones Universal, Miami, 1970), las voces de poetas exiliados. En la Biblioteca Otto G. Richter de la Universidad de Miami, donde trabaja hasta su retiro, integra el grupo que inicia lo que es hoy The Cuban Heritage Collection.

Ana Rosa nos deja nueve libros de versos: *Las siete lunas de enero, Viaje al Casabe, Escamas del Caribe, Los oficialeros, Sol de un solo día, Loores a la Palma Real, Réquiem por una isla, Crisantemos-Crysanthemums*, en edición bilingüe, y *Uno y veinte golpes por América*.

Su poesía, apasionada, honda, cultivada, críptica y hermética a veces, no se permite estridencias. El verso puede arder, gemir, estremecerse; pero siempre fina y magistralmente embridado. En "Monólogo del poema libre2" *(Crisantemos)*, nos dice:

> Porque es preciso traer la tierra de la noche
> al más inflamado sol y buscar en todos los bosques
> la semilla más transparente / para que crezca un árbol
> con sus ramas llenas de horizonte (34).

A Ana Rosa Núñez pudieron forzarla a dejar muchas cosas detrás; pero no lograron impedir que se llevara a su Isla con ella. No la exacta, la decidora, noctámbula y musical. Ana Rosa trae consigo la Cuba virginal: la del siboney, el casabe, la caña, la palma real, el sinsonte, las escamas encendidas del pez caribeño.

Ana Rosa trae al exilio su propia sangre mezclada con el agua de la Isla. Así, nos dice en distintos poemas de *Sol de un sólo día*:

Palabras al vuelo

A la manera de la caña
Alta
Dulce
Exacta. (56)

¡Qué poeta esta gota
de agua y de sangre
llamada al insomnio! (50).

Mi sangre que es tu agua
tiene sed de tus raíces (51).

El hombre de agua también fue náufrago.
Del agua con el tiempo le nació una Isla (...)
El hombre de agua se empañó apoyado
en el balcón de la Historia
y lloró escamas (26-27).

En el largo poema-letanía que es "Loores a la palma real"- Miami, Centenario de la Guerra de los 10 Años, 1868-1968" (sin paginar), nombra, ensalza y juega con la tan nuestra y genuina palma cubana:

Áncora del crepúsculo argonauta.
Dedo entre los dedos de la lluvia.
Palafrenera de la luna...

Cuba es el tema recurrente en la poesía de Ana Rosa Núñez. Poesía que se fue haciendo más y más desesperanzada con los años de ausencia.

De *Crisantemos*, basten unos versos de "El amanecer de los buitres":

Es ahora que lo que falta es sangre
cuando los buitres animan su banquete

cuando le queda grande al mundo la voz
cuando la niebla se traga las gaviotas (66-68).

Y de "Isla no eres":

Isla no eres
Descansa en paz hoy
Tierra de muchas Patrias. (50)

Aunque desde su libro *Sol de un solo día* nos asalta este verso: *He amado tanto que la soledad me ama,* yo me pregunto, ¿qué espacio pudo tener para la soledad estando tan llena de su Isla?

MARTHA PADILLA (Pinar del Río, 1928-2004) publica en Cuba *Comitiva del crepúsculo* y *Modos del Pan.* Abandona la Isla en 1957 y en el exilio ven la luz *La alborada del tigre, Los tiros del miserere, Perfil de frente, Celebrando vivir* y *Remedio santo.* En 2005 sus herederos recopilan parte de su obra inédita en *La hormiga en el cristal* (Linden Lane Press-Colección Poesía). Su libro *La pareja,* Premio Carabela de Oro de Barcelona, permanece inédito. La figura central en la poesía de Martha Padilla es el YO FEMENINO.

El YO que se habla y se cuestiona en "Cábala de lo que vendrá" *(El zunzún viajero-*Pliego*)*:

Pon fin al eco en que te instalan
calla
deja
no cambies tantas veces
de mejilla, echa raíz en aire perturbado
y huye del fuego que no enciendes.

El YO que como madre, como hija y como hermana nos dice en los Poemas XXVIII y XL de *Los tiros del miserere*:

> Mis niños huelen a manantial
> de octubre, a cascada de azúcar
> Hablan en su español de invernadero
> con los pulgares cuajados de pájaros (...)
> Le calzaron alitas sus abuelos (42).

> Yo estaba silenciosa
> Como una ola en el dintel del agua
> Tú patinabas en el suelo frágil
> con tu boina de niño desganado (56).

El YO dolido que encontramos en "Puerta de golpe" *(Remedio santo)*:

> Sin llegar a morir
> la calle se moría
> en aquel hondo pueblo
> de mi historia (14).

El YO inconforme del poema "Hoy", también de *Remedio santo*:

> Se hace lo que se puede
> Se anda
> como si fuéramos desandando
> entre la gente buena que camina
> sin ver que nos hemos ido,
> sin entender que regresamos (...)
> Hacer lo que se puede
> cuesta mucho
> y no basta (12)

De "Retrato del espíritu" *(Perfil de frente)*:

No hemos venido
a esposarnos al cuerpo de otro idioma (...)
no hemos venido a estar, sino a seguir (22).

Y de "Gatillo", del mismo libro, el enfrentamiento y la rebeldía de los últimos versos:

cubana, antigua, marginal, poeta,
criatura sin otra criatura,
¿y qué...? (19)

Los tiros del miserere se publica en 1972 y lleva esta cita del libro *Fuera del Juego*, de Heberto Padilla: "Di la Verdad/ Di al menos tu Verdad/ y después/ deja que cualquier cosa ocurra...". Está dedicado "A los poetas y escritores verticales del mundo quienes, con su reiterada defensa, han hecho más llevadero el columpio sangrante de mi nombre: PADILLA".
En este libro despliega Martha una magnífica metáfora de la protesta, el sarcasmo, la crítica y el inconformismo, esgrimiendo el arma demoledora de la palabra, del verso. La voz lírica es aquí de una fuerza y hondura que sólo se da en los buenos poetas.

Del Poema XXIX:

Pero yo he demorado inútilmente
Esta ternura.
Pero yo me he quedado vestida
Bajo el rojo verano de las fieras
De sus vórtices

Sin ver cómo atraían
Los perros a mi historia. (43)

Y unos versos del Poema XLVIII que pudieran muy bien ser míos o de cada uno de ustedes:

Desde la soledad y la distancia
Desde un país que ignora tu arco iris (69).

PURA DEL PRADO (Santiago de Cuba, 1931-1996) publica sus primeros libros en Cuba. Trabajaba en el Tribunal de Cuentas de la República cuando deja la isla, residiendo temporalmente en España y en California hasta radicarse en Miami, donde muere.

Pura regala a la poesía cubana diez libros: *De codos en el arco iris, Los sábados y Juan, Canto a José Martí, El Libertador-Biografía Poética de Simón Bolívar, El río con sed, Canto a Santiago de Cuba y otros poemas, La otra orilla, Otoño enamorado, Color de Orisha, Idilio del girasol.*

Siendo Pura del Prado hija de la provincia más oriental de Cuba; de la tierra de las grandes pasiones, las mezclas raciales, las contradicciones, el clima más cálido y el paisaje más agreste, ¿cómo sorprendernos de que sea su poesía cromática, exuberante, apasionada y tierna, sencilla y honda, erótica y religiosa?

Si Ana Rosa Núñez embrida e intelectualiza el verso, Pura del Prado lo deja ir; lo suelta para que a gusto ande todos los caminos.

Leer a Pura del Prado es adentrarse en una sorprendente conciliación de opuestos. Adentrarse en una poesía que sabe andar y desandar, sin perder lirismo y fuerza, por la ternura, la religiosidad la denuncia, la protesta, la sensualidad y el erotismo. Muestra de esta conciliación de opuestos son los sencillos y regocijados versos del poema "La embarazada" *(Otoño enamorado)*:

> Con mi uniforme de valle
> que han arado y guarda siembra,
> va mi orgullo de ser hembra
> con un cerro por el talle... (192).

y el erotismo de *Rescate (Idilio del girasol)*:

> Al fin voy a quedarme sin saber las
> cacerías de tu lengua/ en mis bosques
> húmedos de violentas dulzuras/ sin saber
> cómo pasan tus manos por los callejones
> del cuerpo...(121).

¿Qué trae Pura del Prado de la Isla? Pura trae –mezclados con uniformes escolares, monjas, catecismo, colores y frutas tropicales– sus calles santiagueras, su música, sus negros, sus carnavales. Todo revuelto en el hondón de pasiones, angustias y enajenaciones que le harán escribir luego desordenada y febrilmente.

En el poema "Velita prendida por un santo cubano" *(Idilio del girasol)*, nos dice:

> ¿Cómo una Isla tan madre no va a parir un santo?
> Ya debe haber alguno en nuestro pueblo,
> donde han muerto por Cristo tantos, tantos (90).

En "Monólogo de una exiliada" *(La otra orilla)*, quizá el más cubano de los libros de Pura, hay un paralelo delicioso entre Cuba y Miami:

Miami se parece a Cuba, pero no tiene yényere (...)
Le faltan dos o tres lomas
la guagua
guaguancó (62).

Y es en *La otra orilla* donde nos deja Pura del Prado el mensaje esperanzado que nos une a todos:

La Isla estará siempre invictamente viva
aunque faltemos (...)
y ojalá que se llame siempre Cuba (86).

En el paisaje de la literatura cubana escrita en el exilio, la poesía de Ana Rosa Núñez, Martha Padilla y Pura del Prado confirma, sin perder individualidad, el denominador común que las hermana. La Isla vino con ellas. Si Ana Rosa nos habla con la voz de sus idílicos orígenes, Martha lo hace con la voz de la mujer cubana, y Pura con la de sus pasiones, sus pueblos y su gente.

Como un tema tan rico, amplio y valioso como éste requiere un trabajo extenso, sirvan estas brevísimas páginas para recordar el regalo de estas tres voces líricas que enriquecen las páginas de la Literatura Cubana.

XXV Congreso Cultural de Verano, Círculo de Cultura Panamericano,
Koubek Memorial Center (University of Miami). Julio, 2006.
Círculo: Revista de Cultura-Publicación del Círculo de Cultura Panamericano,
Volumen XXVI. New Jersey, 2007.

UN ACERCAMIENTO AL TEMBLOR DE LUZ DE ELENA IGLESIAS

Temblor de luz, como todo libro de poesía, es confesión, desnudez, entrega. Y como eso de desnudarse por dentro es algo tremendo, el poeta –el verdadero poeta, claro– se aferra siempre a sus poemas entre temeroso y feliz de alumbrarlos. Ni más ni menos que la mujer al dar un hijo al mundo.

Elena Iglesias se ha hecho periodista, narradora, crítica de arte, viajera de pie inquieto y mirada abierta..., pero a Elena Iglesias la hicieron mujer, cubana y poeta.

De su autoría son los poemarios *Península* (1977), *Mundo de Aire* (1978, con poemas premiados por la Universidad Católica Andrés Bello de Caracas); *Campo Raso* (1983, fruto del Taller de Poesía del Centro de Estudios Latinoamericanos Rómulo Gallegos de Caracas), y este *Temblor de luz* que me ilumina hoy. En narrativa ha publicado *Cuenta el Caracol* (1995), donde recrea patakíes de la tradición afro-cubana; *Aloni Gabriel y Mariposa / Aloni Gabriel and Butterfly* (2004), bellísimo libro de cuentos infantiles en edición bilingüe; y en inglés, *The Philosophy of my Wandering Cat* (2009); "una biografía espiritual" nos dice Elena y con razón, porque es un delicioso filosofar entre la autora y su *alter ego*.

Temblor de luz es confesión y entrega, como expresé al comienzo de este trabajo, porque ¿no es acaso un temblor de luz lo que alcanza, envuelve, atraviesa y desnuda al poeta?

Su título no sólo nos lo anuncia, sino que –como banderita roja– nos previene antes de atrevernos a emprender un viaje alma adentro de la autora. El libro está dedicado a la memoria de Dulce María Loynaz (1902-1997), exquisita poeta cubana que, citando a Federico Sainz de Robles, "pertenece al grupo de las más ilustres voces poéticas femeninas de América."
Versos de Dulce María abren el poemario y van acompañando y entrelazándose a la voz poética de Elena Iglesias.
No es mi intención hacer un minucioso estudio de *Temblor de luz* y por más de una razón. Explicar la poesía es robarle su magia y su misterio, e intentarlo sería inútil porque la poesía de *Temblor de luz* ya no es de Elena; es de ustedes, y mía, y a cada uno de nosotros va a decirnos algo distinto
Sí quiero resaltar que el libro es, también, un canto a la luz. Por todo él nos alientan versos como estos:

una fuente de luz se derrama por mis poros... (47).

Por la luz de mi corazón
que trasmuta en aliento
mis carencias (33).

De esas maderas ensangrentadas
surge entonces la luz (12).

Morir una muerte ajena (...)
por una promesa de luz. (19).

Si Elena entrelaza versos suyos y de Dulce María lo hace por sentirse cercana al bello y válido lirismo de esa otra poesía. Pero aunque cercanas en sensibilidad y ternura, yo me atrevo a decir que no hay en Elena Iglesias la "tibia resignación", la "contenida angustia", la "timidez espiritual" reconocidos en Dulce María Loynaz. Elena Iglesias necesita arraigarse para saberse viva, y empinarse para afrontar un regalo tan bello como difícil y angustioso. Baste jugar un poco con el diálogo de estas dos voces líricas para descubrir lo que las une y las separa:

"Madre, yo quisiera irme con la nube", dice Loynaz y añade Elena:

Con la nube que tiene prisa por morir,
por abrirse en dos
para que llueva pan sobre la tierra (9).

Y en este mano a mano o verso a verso, al "Voy –río negro– en cruces, en ángulos/ hacia ti, mar mío...", de Dulce María, nos dice Elena:

Una y otra vez bajaré los ojos
para que no vean
el reflejo de los peces en mis lágrimas (14).

Y del amor, del amor de poeta que es siempre uno aun siendo muchos, nos dice Dulce María, "amor es de raíz negra". Para Elena, Amor es poder decir:

Nunca había parido estrellas
hasta que llegaste tú (22).

Amor también es manantial
y la dulzura de una tarde llena de luz (38).

Al "Hoy tengo aquí a mis pies un camino de tierra dura, gris...", nos grita Elena Iglesias desde ***Temblor de luz***:

La cosecha de luz de espaldas
a la bruja del naranjo (6).

Y otra vez el mar, testigo siempre del poeta isleño y de la obra de estas dos mujeres abrazadas al mar de la Isla que llevan dentro:

"¡Me come un mar abatido por las alas/ de arcángeles sin cielo...!", dice Dulce María y responde Elena:

Siempre me recibe con un nuevo azul,
con el espejo donde se miran
todos los surcos de la tierra (50).

A la temblorosa confesión de Loynaz, "pero la playa es siempre para morir",

Sólo muere el mar cuando se enamora
de la mujer de arena (33).

A la conformidad de un "¡Ay, qué nadar de alma es este mar!" de Dulce María, la voluntad de afrontarla:

y tener que convertir esa pequeña luz en incendio
atravesando el agua del mundo (31).

No bastan unas breves páginas para ahondar en estas dos voces poéticas cercanas en sensibilidad, pero equidistantes en proyección vital y anímica. En estas dos sensibilidades iguales y distintas.

Por todo el libro nos deja Elena Iglesias, en voz muy suya de mujer y de poeta, su fe en un luego, su voluntad de afirmarse, y su luz interior:

Sin darme cuenta
me brotaron alas y empecé a vivir (28).

Vengo de cruzar los siete mares
(...) He conocido todas las orillas
y por ajenas que fueran
no les he tenido miedo (16).

La rabia pudo más que la agonía (6).

Y empecé a construir una escalera
por donde bajaba (...) a contemplar el sol (28).

Una fuente de luz se derrama por mis poros (47).

Temblor de luz es un libro hermoso, un proyecto logrado, una confesión válida y sincera. En él afirma y nos regala Elena Iglesias una voz lírica en ascenso.

Sinalefa - **Revista Internacional de Arte y Literatura**
No. 26. New York-Mayo/Agosto, 2010.

POESÍA DE AMOR Y DE COMBATE

Al saber que el Premio "Emilia Bernal" 2010 se le había otorgado al poeta y escritor cubano Ángel Cuadra, decidí complacerme, releer sus libros y disfrutar unas horas de buena poesía. En eso estaba cuando se me invita a presentar al escritor en la entrega del premio.

Hablar o escribir sobre Ángel Cuadra es fácil y es difícil. Fácil, por lo amplio y valioso de su vida y de su obra. Difícil, porque es imposible abarcar tanto en unas pocas palabras o cuartillas y no sabemos por donde empezar.

En esta encrucijada decido robarme unas palabras del prólogo de Pura del Prado al libro de Ángel, *Tiempo del hombre* y como ella, les digo: "Yo quisiera tener espacio para hablarles de Ángel como se debe."

Y se debe comenzar por el principio; pero resulta que eso sería hablar del Ángel Cuadra estudiante, deportista, abogado, enconado enemigo de tiranos y dictaduras, preso político, periodista, defensor de la Libertad y los Derechos Humanos, miembro de honor del PEN Club de Suecia, exiliado cubano, primerísima figura y alma del PEN Club de Escritores Cubanos en el Exilio..., y tantísimo más que me obligaría a extenderme más allá de lo que el tiempo y el espacio permiten.

Yo prefiero acercarlos hoy al Ángel Cuadra poeta y escritor. El Premio "Emilia Bernal" es un premio literario, y en el amplio ámbito de la literatura se mueve sin dificultad alguna el poeta y escritor que es Ángel Cuadra. Baste mencionar su obra.

Me detengo, antes de entrar a saltos en su poesía, en ensayos publicados y leídos en distintas ocasiones: "José Martí: Análisis y conclusiones", que reúne seis trabajos sobre José Martí; "Luces entre sombras: La creación literaria en el presidio político cubano"; "Las motivaciones de Pedro Luis Boitel"; "Escritores en Cuba socialista"; "La poesía: el tema de lo cubano" que aparece en el libro *La literatura del exilio* del PEN Club de Escritores Cubanos, y "Utilidad de la Poesía", disertación del poeta en la entrega del Premio "Emilia Bernal"..., sin acercarme siquiera a conferencias y presentaciones de libros que hilvana Ángel Cuadra muchas veces –y para asombro nuestro– unas horas antes de su lectura.

Cabe señalar que, poeta al fin, los ensayos sobre Martí terminan con el poema "Lamento a José Martí", y el de Pedro Luis Boitel con "Mensaje a no sé quien".

Acerquémonos a su obra poética. Su primer libro de versos es *Peldaño*, publicado en Cuba en 1959, al que siguen *Impromptus* y *Poemas en correspondencia* publicados en Washington en 1977 y 1979; en España (Madrid y Teruel) ven la luz *Tiempo del hombre* (1977), *Esa tristeza que nos inunda* (1985) y *Las señales y los sueños* (1988); y en Miami, *Fantasía para el viernes, Réquiem violento por Jan Palach, La voz inevitable, Diez sonetos ocultos* y *De los resúmenes y el tiempo,* publicados en 1985, 1989, 1994 y 2003 respectivamente.

En 1999 Fredo Arias de la Canal publica, bajo el sello del Frente de Afirmación Hispanista de México, *La poesía cósmica de Ángel Cuadra*, 98 páginas dedicadas a lo cósmico en esta poesía.

Pero la hondura y fuerza de la voz poética de Ángel Cuadra no logran aquietarse entre páginas de libros, y se alzan para alcanzar los premios "Rubén Martínez Villena"

(Universidad de La Habana, 1954); "Premio de poesía del Círculo de Escritores y Poetas Iberoamericanos de New York" (1958); "Premio Presidencial del PEN Club de Los Ángeles" (1986); Premio "Amantes de Teruel", España, en dos ocasiones (1988-2002); Premio "José María Heredia" (ACCA, 1993) y el Premio "Martín García Ramos" (Almería, España, 2003). Por su defensa a los Derechos Humanos se le otorga, estando en prisión, el premio "Pluma de Oro" (1981) del Grupo Artístico Literario Abril (GALA).

Releyendo la poesía de Cuadra confirmo los dos cauces por donde corren sus versos: Amor-Lirismo / Ira-Combate. Dos líneas paralelas totalmente identificadas vital y poéticamente.

Ángel Cuadra se da y encona en una poesía de enfrentamiento, de acusación abierta a cuanto hostigue o reprima la libertad del hombre y de los pueblos, y sin perder hondura y fuerza se da y estremece en bellísimos versos de amor. Magia y misterio de toda buena poesía.

Por sus dos cauces paralelos y tan cercanos que se tocan sus orillas, vuelca su ira este poeta en versos violentos y desgarrados para abrazarse unas horas antes o después –y en celda oscura– al iluminado lirismo de una poesía de amor. Así, nos dice en *Fantasía para el viernes*:

> Y hay (…) un meridiano en llamas,
> un abrigo de espanto, un látigo de niebla
> y unas ganas de estarme con mi herida
> con mi cobre y mi canto combatiendo (16).
>
> Estas sombras vienen,
> estos potros lúgubres de la muerte,
> este tentáculo de sangre,
> este rasguño de espanto (…)

Se alzan garras coléricas,
rachas contrarias,
ondas de angustia,
círculos que van avanzando a la inversa,
que vienen hacia mí (...)
La leche de la vida se me ha vuelto veneno (18).

Y en el mismo libro, apenas unas páginas antes:

¿Qué soplo astral te trajo
para poblar mi sal?
Eras, surgida en medio de las cosas
como un tallo nocturno
alto de humo y misterio.
En ti caía toda la energía celeste,
todo el polvo del sueño,
el fósforo lunar (...)
Y el amor, como un ancla
roja y dulce en tu pecho (12).

Abro el poemario **La voz inevitable** y me persigue el desgarrón de versos como estos:

Cuba tiene un rincón para la muerte
y mucho lodazal para la infamia
mucha mugre de mentira
y mucha rabia crucificada en la impotencia.
¡Qué frustración de trigo le ha caído!
¡Qué veneno de arañas! (21).

El aire es sucio, aquí vomita el odio
su fetidez y su color de infierno (30).

Angustiada, me amparo en una y otra página de **Diez sonetos ocultos** deteniéndome a saltos en el lirismo de versos que parecen extraños a esa otra voz poética:

Reflejada en el agua tu hermosura,
quedó la tarde aquella detenida
en un claro recodo de la vida
desasido del tiempo y su premura (...)
Caen hojas de otoño, y repetida
tu imagen sobre el agua se inaugura (27).

Hay un árbol de estruendo, una campana
vuelta al silencio, un caracol traído (...)
Y entre tu irrealidad y mis destellos
de irracional verdad que te atribuyo
amanece la tarde en tus cabellos (39).

Y los dos cauces corriendo de la mano en un mismo poema
de *Tiempo del hombre*:

Si yo pudiera
quitarme este humo de angustia,
arrancarme, sin rabia, esta postilla gris (...)
¡Ah! Si yo pudiera
alzar el puño sin cólera
y acometer el fantasma de musgo y baba sórdida
que me espanta jadeante
estos pájaros claros del amor (82).

Entonces
subiría hacia ti con una limpia
ebriedad sobre el labio
y tú vendrías muchacha del alba
a trizarnos en la sólida chispa
de los besos... (...)
Para cantar contigo
un arpa nívea se suspendería
traería voces el viento
sería todo lo posible
en la maravillosa conclusión de tu cuerpo (83).

Vuelvo a *Diez sonetos ocultos* y me recibe y sosiega otro de sus sonetos:

Contigo vino la ilusión postrera.
Ya mis tiempos de amar habían llegado
a un punto de resumen: transitado
el camino, distante, sin espera.

Equilibrio de música. Todo era
la voz baja del agua, el acallado
eco de historia en fuga hacia el pasado:
un lejano rumor de primavera.

Pero vino el amor, vino contigo.
Su duende de belleza en mi postigo
llamó importuno reclamando afuera.

Y eché a andar de improviso la aventura
en aquel sobresalto de hermosura
como si fuese la ilusión primera (23).

Termino dejándoles la certidumbre de que la poesía, la voz y la palabra sobrevuelan rejas y derriban tapias. El proceso creativo ilumina o enquista a Ángel Cuadra para iluminar o enquistar sombras. En ellas, iluminadas o enquistadas, se confiesa y desnuda el poeta.

Este dominio circular de emoción, voz poética y lenguaje en la poesía sólo se da en poetas genuinos. En poetas que merecen premios literarios. Premios como el "Emilia Bernal" que tan merecidamente ha recibido Ángel Cuadra.

Instituto de Estudios Cubanos y Cubano-Americanos
Casa Bacardí, Coral Gables, Florida. Diciembre 2, 2010.
Sinalefa- **Revista Internacional de Arte y Literatura.**
No. 27 (Ampliado). New York, Septiembre/Diciembre, 2010.

LA OTRA VOZ DE ORLANDO ROSSARDI

Confieso que me proponía hacer algunos apuntes sobre *Canto en la Florida*, el nuevo poemario de Orlando Rossardi bellamente impreso por Aduana Vieja (Valencia, 2010); pero al hojear uno y otro de sus libros comprendí la necesidad de volver a ellos y acercarme de nuevo a su poesía.

Orlando Rossardi es poeta, ensayista, dramaturgo, editor...Y antes y después de todo eso, Orlando Rossardi es cubano. Un poeta cubano desarraigado apenas al echar sus primeros versos. Un poeta cubano que de tanto bregar con la poesía ha aprendido a dialogar con sus dos poetas –el de aquí y el de allá, éste y el otro– sin lograr distanciarlos.

Su obra poética es amplia y valiosa: **El diámetro y lo estero** (Madrid, 1964), **Que voy de vuelo** (Madrid, 1970), **Los espacios llenos** (Madrid, 1991), **Memoria de mí** (Madrid, 1995), **Los pies en la tierra** (Madrid, 2006), **Libro de las pérdidas** (Valencia, 2008), su antología personal, **Casi la voz** (Valencia, 2009) que reúne lo mejor de sus primeros seis poemarios, y ese **Canto en la Florida** que me hizo leer y releer al poeta.

Imposible adentrarse en obra tan extensa en unas pocas cuartillas; pero sí voy –como poeta– a ahondar a saltos en ella, y para hacerlo desde el ángulo que me interesa acudo a una voz lírica de gran vuelo: Octavio Paz.

La voz de Octavio Paz es una voz inquieta, ávida y circular. Voz que se desata al encuentro de ideas y palabras. Voz que alcanza, entrelaza, suelta y atrapa las ideas de tal forma que nos fuerza a hacer un alto en la lectura para respirar hondo y emprender viaje a la cúspide o la sima por donde nos lleva a andadas el poeta en muchos de sus poemas. Abro un libro y leo "Bajo tu clara sombra"; lo cierro para abrirlo enseguida y leer a saltos de "Piedra de sol":

> Un sauce de cristal, un chopo de agua...
> voy por tu cuerpo como por el mundo...
> voy por tus ojos como por el agua...
> voy por tu talle como por un río...
> voy por tu cuerpo como por un bosque (33).

Y así voy siguiendo a Octavio Paz en su desosegado ir del sauce a la mujer, al amor, la mitología, la historia, la literatura, los recuerdos..., para reencontrarse, 584 versos endecasílabos después, con el primero: "un sauce de cristal, un chopo de agua......"

La voz poética de Orlando Rossardi no tiene prisa en darse. Prefiere volverse a cada paso; repasarse, recrearse, mirar de reojo y asegurarse de que sí, que está bien decir, soltarse, y a escondidas, des-nu-dar-se. El poeta gusta de acariciar la idea y recrear la palabra hasta dejarla –como asustada– en el poema.

Desde sus comienzos anda esta voz jugando a jugar con la sintaxis, las ideas, los sustantivos, los verbos, sin perder la socarrona sonrisa y el: "¡A ver quién me dice que no puedo!".

Pero de tanto jugar, de tanto crear y recrear a gusto, el Rossardi de *El diámetro y lo estero* (1964), y *Que voy de vuelo* (1970), ha ido acariciando su lenguaje poético de tal modo, que sin perder los aciertos del intento se ahonda hasta alcanzar el *temblor* de la poesía.

Para acercarnos a su primera voz es preciso recordar su libro-ensayo *León de Grieff: una poética de vanguardia*,

Palabras al vuelo

que nos permite comprender la identificación de Orlando Rossardi con el poeta colombiano; y para seguir con ustedes el juego rossardiano del lenguaje, abro al azar *El diámetro y lo estero*:

> Si acaece el cielo como un mozo vivo
> y la frente se nos hincha y parecen gavelas
> más bien dadas que mi paso acaecido
> que **se abeja**
> –**mi pie abejando** los perros de la tarde–
> y el calor mojado de la tarde (67).

Y ya en esto de participar en el juego, abro también *Que voy de vuelo*:

> Estancia que **uniforma** el aire,
> arder que lo caldea, cima
> que **lo cumbra** y lo precisa,
> cariño como un cuerpo hirviente
> que lo abraza, abrazo entero que lo cincha,
> beso que **lo labia**: voz de viento
> palpadero –eterno viento–
> que lo esparce al **aire en cuello** (38).

A mi juicio, en el válido y hermoso juego de crear silogismos y recrear la sintaxis se logran aciertos, se afila la voz; pero se acalla el canto y se esconde el poeta.

Ya lo advierte Gastón Baquero en el Prólogo *a Los espacios llenos:*

> "Exactamente treinta años atrás (...) yo veía sus abstracciones, los breves laberintos que salían de su visión de entonces (...) orbe abstracto, paisaje laberíntico..." (12).

Hago una pausa –parece que ando a saltos hoy– para recordar una anécdota de Agustín Acosta. Contaba Agustín que hablando sobre poesía con Eugenio Florit, y precisado a dar una opinión crítica sobre la obra del entonces joven poeta, le había dicho muy sinceramente: "Eres un gran poeta; pero todavía no has escrito la palabra *corazón*". Algunos años después, caminando Agustín por la calle Obispo, oye: "¡Agustín, Agustín...!", y al volverse ve a Florit sonriéndole desde la acera opuesta: "¡Agustín...Ya escribí *corazón*!"

Recojo el hilo que aparentemente dejé suelto, para decir que la voz poética de los primeros libros de Orlando Rossardi cambia repentinamente en *Los espacios llenos*. Se hace distinta y sin embargo, igual. La misma y otra. El poeta, quizá sin saberlo o sin quererlo, se deja ir, entra en sí mismo y nos da el *temblor* que estremece al poeta y a su poesía. De este bellísimo poemario, leo a saltos:

No he meditado más que en lo preciso:
Dios, la muerte, el viento y tu sonrisa (...)
Y en tu sonrisa, amor, porque entre Dios
y ella no existe más que un paso (25).
El hombre que me vive está como apagado.
Y quiere darse a su infinito antes de tiempo (...)
El hombre –ese poeta– que en mí habita
está a punto de ahogarse en su naufragio (...)
¡Y yo no sé qué hacer con este miedo
de quedarme –terca y fatalmente– vivo! (57).

Y en *Libro de las pérdidas* nos dice, como al paso:

La isla aquella se hizo a golpes y porrazos.
En su escape, luego, le pusieron bridas,
le clavaron por las carnes las espuelas (18).

Y me asalta el lirismo de estos versos de *Los pies en la tierra*:

Cuando veas la tarde por su cielo arder tras
(los cristales,
soy yo que me desato.
Cuando sientas rodar el agua de los ríos por
(tu cuerpo,
soy yo que me desmadro (33).

Y de *Memoria de mí*, un verso lapidario:

Dime, amigo, cuando ya no estés aquí ¿qué he de
(hacer conmigo? (22).

Aquí, en toda esta poesía, se da ahora el poeta en primer plano y a cara descubierta. El juego ha pasado a un segundo plano. El asombro ante la riqueza de nuestra lengua y la imperiosa y útil necesidad de jugar con ella quedan opacados.

Igual que la Literatura nos muestra el vasto alcance y el poder de la lengua en que se escribe, nos muestra Rossardi cómo volver atrás, cómo desnudarla y rescatar la voz de la semilla. La voz que se empina ahora sobre aquella que lo acercaba más a los poetas españoles.

Quisiera tener el tiempo y el espacio para adentrarme en cada uno de los libros de Orlando Rossardi; pero urgida por mi empeño en comentar *Canto en la Florida* prefiero entrar de lleno en él, aunque no sin dejar en estas brevísimas cuartillas algunos versos del poema "De muy niño jugaba entre cándidas ausencias" (***Libro de las pérdidas***), no por dedicármelo tan gentilmente, sino porque en todo el poema late, sin rubor ni embridamiento, esa otra voz que sabe desnudarse.

> De muy niño jugaba entre cándidas ausencias.
> Mi madre me traía, desde lejos, manantiales
> de agua fresca en su sonrisa y él, mi padre,
> viejo como una higuera, me frotaba, tiernamente,
> la cabeza como queriendo abrir, sin yo saberlo,
> brechas de todos los sueños por cumplirse (...)
> De muy niño no soñé siquiera con el niño que ahora soy,
> el que se pierde por las calles en busca (de un contorno,
> el que anda todavía a paso corto en las aceras
> y se sienta a oír, como alelado por los parques
> fuentes, nombres propios, hojas sueltas, risas;
> a ver, por el desfile, las idas y las vueltas,
> a recordar los grillos y las pitas que antes ya fueron
> y se echa a bostezar, cabeza abajo, a ver si surgen
> de algún sitio manantiales de agua fresca
> que le inunden, tiernamente, las ausencias (16).

Después de este acercamiento a la voz poética de Orlando Rossardi, voz que por magia de la poesía es igual y distinta, otra y la misma, sí me acerco y los acerco a *Canto en la Florida*.

Lo primero que llamó mi atención fue el título. Porque más que cantar Rossardi **a** la Florida, canta **en** la Florida. Son preposiciones que saltan para alertarnos y dejar bien claro que el poeta canta **desde** la Florida; que el poeta le canta a la Isla que no nombra, pero sí enuncian los textos histórico-literarios de *La Florida del Inca* que nos dan la bienvenida al abrir el libro:

> "Lo más cierto y lo que no se ignora, es que
> al mediodía tiene el mar océano y la gran isla de Cuba ..."

Y al voltear la página:

"con tormenta, dio en la costa al Septentrión de la Isla de Cuba… (7).

Sí; la Isla "invictamente viva" de Pura del Prado, inmersa toda en ***Canto en la Florida***. Ya nos lo anuncia el poeta en el primer poema del libro:

> Cerca del mar, mar de un lado y del otro lado,
> al mar le puse
> labios de **tu** cara, manos
> de **tu** pecho, la fortuna de saber
> de **tu** alegría,
> –aquella que fue un día (8).

La Isla que lleva dentro el poeta y que nos saluda desde los poemas "La palma", "Miami", "Calle Ocho", "Peter Pan", "Torre de la Libertad", "Mariel" y "Cayo Hueso", recordándole al cayo que:

> a unos pasos estás de **la que espera** (18).

Y la vívida estampa de "Ybor City":

> El humo del **tabaco** vuela
> y se dormita. **José** se sienta
> a retozar su idea (…)
> Todos recitan con él aquello
> que él dice que es **patria** (20).

Y en "Flamboyán":

> Siempre con su cresta que se encrespa,
> erguida, retozona;
> y es **espejo de una tierra**
> **y su marea**.

De una playa que se riega por la arena
y se dilata en primaveras (23).

Hasta cerrar su canto con un bellísimo "Epitafio":

Bajo esta tierra yace **esta otra tierra**,
ya puesta a descansar de cosas muertas
y que en un suspiro, sin queja casi,
**se quedó como deshecha a la vuelta
de la esquina**. Bajo esta brecha que abrió
el destino se empecina en ser lo vivo
que no soy este cuerpo que fue fuente
de mi vida, y ni siquiera se enteró
de serlo ciertamente un día. Bajo esta tierra
está el futuro de las cosas, y **está el pasado**
que parece no haber sido otra memoria
que los versos que ahora escribo,
por dejar –sin mucha o demasiado prisa–
sólo huesos que se escapen de su suerte (31).

La poesía de Orlando Rossardi no es poesía de abrir y cerrar el libro. Se lee una y otra vez, y se deja cerca para leer más tarde.

Así releí *Canto en La Florida* y confieso que me dejó el agridulce recuerdo de "esa otra tierra" que enuncia el epitafio. De otros verdes, otro mar, otras vivencias que también se quedaron "como deshechas a la vuelta de la esquina".

Terminada la lectura, algo me obligó a escribir estas brevísimas páginas que cierro ahora con la certeza de que no dejaremos solamente huesos en La Florida –ni Orlando Rossardi, ni tú, ni yo, ni tantos– porque mucha válida obra, mucho sudor y mucha alma hemos dejado en esta acogedora tierra que, como dice el Inca Garcilaso, "al mediodía tiene el mar océano y la gran isla de Cuba".

Círculo de Cultura Panamericano, XXXI Congreso Cultural de Verano, Koubek Center, University of Miami. Julio de 2011.

POESÍA DE EXILIO

Como sería inútil intentar un estudio serio de la poesía de exilio en unas pocas cuartillas, baste el intento de resaltar la tónica que la identifica.
El tema es rico y vasto. Nos llega de tan lejos como la poesía misma y el primero de los bardos, si pensamos que con el primer hombre creó Dios al pecador y con el primer poeta, al exiliado.
No es preciso hurgar en la literatura de todos los tiempos buscando el desplazamiento físico de este o aquel poeta (por recordar, recordemos a Ovidio), para estudiar la poesía de exilio. Y no es preciso porque el poeta, aun fijo en su centro geográfico, cotidiano y familiar, es siempre un ser en tránsito perenne; un ser inquietante e inquieto: un exiliado de sí mismo. Y es justamente este exilio de sí mismo el que da la nota común en el pentagrama del poeta.
Nota repetida que pudiera leerse "soledad-desarraigo-angustia". Nota que se deja oír una y otra vez y en tono más y más agudo en los poetas que han sufrido también el desarraigo físico del exilio de Patria, o sea, un doble exilio.
Y el exilio, accidente histórico y como tal, repetido, es para el poeta un resquebrajamiento de entorno y una desgarradura de dintorno que lo marca profundamente. Si recordamos a Heredia, el cantor del Niágara, tendremos que reconocer que el poeta exiliado puede vibrar ante muchos paisajes, pero se le encona por dentro la emoción estética al recordar sus paisajes.
Identificado el exilio como hecho histórico repetido; aislada la nota que venimos siguiendo; reconocido el

Palabras al vuelo

desgarrón del mundo íntimo del poeta, ¿nos atrevemos a encasillar la poesía de exilio?

Si lo hiciéramos estaríamos desconociendo la individualidad y el *dharma* de cada uno de los poetas que lo han sufrido. Sólo la nota soledad-desarraigo-angustia acerca y hermana a poetas distantes en tiempo, circunstancia geográfica, estilo y cuanto podamos encerrar en el amplio y fascinante abanico de la creación poética. Como dije antes, no es necesario hurgar mucho para encontrar al exiliado que lleva en sí cada poeta; pero ahondemos un poco –aunque a saltos– para identificar esa nota que hermana tanto a poetas desarraigados físicamente como a aquellos enraizados al suelo patrio. En nuestro viaje por el tiempo y sin contar con éste para descubrirla en poetas remotos, busquémosla en poetas más cercanos.

La poesía de José Martí y la de Dulce María Loynaz nos permiten hallar esa nota en poetas de distintas épocas y estilos.

José Martí (1853-1895), desterrado casi niño, desarraigado físicamente, nos dice en su doble exilio de Patria y de poeta:

Vino a verme un amigo y a mí mismo / me preguntó por mí. Ya en mí no queda / más que un reflejo mío (como guarda / la sal del mar la concha de la orilla) Cáscara soy de mí que en tierra ajena / gira a la voluntad del viento huraño...

No resulta extraño descubrir la nota soledad-desarraigo-angustia en el doble exilio de Martí; pero ¿no la oímos en los versos de angustiado exilio interior de "Divagación" *(Obra Lírica)* de Dulce María Loynaz (1902-1997), fija a su suelo, su casa, sus cosas?

> Si yo no hubiera sido ¿qué sería / en mi lugar? (...) En el sitio, en la hora / de qué árbol estoy, de qué armonía más asequible y útil? Esta sombra / tan lejana parece que no es mía (...) Me siento extraña en mi ropaje...

Y saliéndonos de lo nuestro, ¿no está esa desgarrada nota en José Santos Chocano y en César Vallejo, dos poetas peruanos diametralmente opuestos en ideología, estilo y lenguaje? Si Santos Chocano es "el cantor de América", como se le ha llamado, yo diría que Vallejo es el Canto, y en el cantor y en el canto encontramos la misma Nota.

José Santos Chocano (1875-1934), fuera de su país, desarraigado, perseguido –exilio de Patria–, recordando a su Lima natal, nos da su soledad-desarraigo-angustia una y otra vez:

> ¡Oh ciudad de los reyes, va a cantarte el poeta...
> Va a cantarte el poeta que el virreinato evoca
> con el llanto en los ojos y el suspiro en la boca
> porque extraña ese tiempo de primor y nobleza
> ¡oh dolor blasonado!, ¡oh elegante tristeza!

Identifiquemos el exilio interior en un joven poeta, César Vallejo (1892-1938), cuando nos dice en "Ágape" *(Los Heraldos Negros)*, su primer libro, mucho antes de alejarse de su suelo, su Patria:

> Hoy no ha venido nadie a preguntar/ ni me han pedido en esta tarde, nada/ (...) Y no sé qué se olvidan y se queda/ mal en mis manos como cosa ajena (...) He salido a la puerta y me dan ganas de gritar a todos/ Si echan de menos algo aquí se queda.

En nuestra búsqueda encontramos la angustiosa nota en versos donde se define claramente el doble exilio en un mismo poeta. Antonio Machado (1875-1939), nos da su soledad-desarraigo-angustia en "Recuerdos" *(Obras completas)*, versos que escribe en el tren al abandonar Soria y que son claros exponentes de desarraigo físico:

> En la desesperanza y en la melancolía
> de tu recuerdo, Soria, mi corazón se abreva.
> Tierra del alma toda, hacia la tierra mía
> por los floridos valles mi corazón te lleva.

Pero, ¿no da el poeta esa misma nota y en tono mucho más agudo en el poema "Galerías - LXXIX" del mismo libro, escrito en 1907 y sin otro exilio que el de sí mismo?

> Desnuda está la tierra/ y el alma aúlla al horizonte pálido/ como loba famélica. ¿Qué buscas/ poeta en el ocaso? (...)
> ¡Amargo caminar, porque el camino/ pesa en el corazón!
> ¿Qué buscas, poeta, en el ocaso?

Identificada la nota, acerquémonos a la actual poesía cubana de exilio. En nuestros poetas se da, tiene que darse el DOBLE EXILIO. En ellos la nota que hemos venido siguiendo puede darse sorda, aguda, enconada, rebelde, dolida, desesperanzada; pero es siempre la misma. No nos dejemos engañar por las variantes de tono que le dan voces líricas tan diferentes como genuinas.

Oigámosla, desde muy diversos lugares, en versos de algunos de nuestros poetas errantes.

Desalentada, enconada y violenta en "Elegía de mí mismo" *(Cantos de dos caminos)* de Lucas Lamadrid:

> Si me son extranjeras todas las esperanzas/ ¿por qué seguir soñando?/ Perdida la raíz de mi palabra/ ¿para qué el canto?

Si hasta en esta agonía del monólogo/ me escucho como extraño (68).

Desgarrada en "Aquí no hay sol" *(Subir de puntos)* de Roberto Cazorla:

> ¡Aquí no hay sol! / Y yo necesito no morirme/ en este mundo de grises abundantes/ (...) Salgo a la mañana/ con la esperanza de ser la ostra exiliada por la vena/ (...) ¡Aquí no hay sol! / Aquí no hay sol para ellos ni para mí (116).

Realista y desesperanzada en "Doblemente desterrados" *(Mascarada)* de Rita Geada:

> Volvemos los ojos consternados/ y de pronto el desfile/ La pared que se espesa/ ¡Hasta cuándo!/ ¿Hasta cuando dar manotazos inútiles en el aire? (...) Nosotros los proscriptos/ los doblemente desterrados (17).

De estremecida angustia en "Regreso" *(Antillana Rotunda)* de Julio Hernández Miyares:

> Cerré la ventana del recuerdo y dije: Estás aquí / y la tierra es tuya/ lábrate el sendero de los astros/ Y mientras caminaba hacia la estrella/ sentí un rumor de palmas en el pecho (21).

Altiva y denunciadora en "Réquiem para una Isla" *(Las siete lunas de enero)* de Ana Rosa Núñez:

> Sabemos que nuestro grito es el parto inútil de la piedra/ es la flecha empenachada que tuerce su rumbo/ porque una bandada de gaviotas les heló el fuego prometido (...) Nosotros, gente de isla, con nuestro origen en el origen mismo de la escama (30).

Desafiante y rebelde en "Reintegro" (*Hijo de Cuba soy*) de Pablo LeRiverend:

> Canto la libertad/ devuelvo Cuba al mundo/ porque mi verso lleva un látigo (...) un pájaro de sangre/ un pájaro de plomo/ y un grito esperanzado: Canto a la libertad/ Reintegro Cuba al mundo (23).

Agridulce en "Retornos" (*Los naipes conjurados*) de Justo Rodríguez Santos:

> Volveré con mi agreste desencanto/ junto al sinsonte del palmar nativo (...) Cruzaré nuevamente mi sonrisa/ dialogaré con mis palabras rotas/ Recobrarán mis ojos sus gaviotas y nacerá una estrella en mi ceniza (164).

Con temblor de lágrima en "Velita prendida por un Santo cubano" (*Idilio del girasol*) de Pura del Prado:

> Por el centro de un pueblo que no es mío/ ayer, casi un relámpago extraviado/ yo arrastraba mi sueño como el borde/ de una sotana triste por callejón lejano (...) Qué anhelo tan hondísimo sentía/ de rezar en un templo de Santiago (89).

Sosegada en "Por el olvido" (*A pesar de todo*) de Eugenio Florit:

> Todo es volver/ a lo que una vez amamos/ y el olvido es la sombra/ que trata de ocultarnos el recuerdo/ y no puede (...) Pensábamos (...) que íbamos a olvidar entre la ausencia/ mas no logramos matar el recuerdo que aún triste nos contempla/ en el espejo fiel frente a nosotros (57).

Desolación y fuerza en "Hambriento estoy como un ladrillo hambriento" (*Nunca de mí te vas*) de Matías Montes Huidobro:

> Si no puedo hablar contigo/ eso ya es hambre/ Yo estoy hambriento/ amigo (...) Hambriento de extender mi mano franca (...) Soy un invasor en tierra extraña (74).

Comprometidos ya en este peregrinaje poético, sigamos buscando la nota soledad-desarraigo-angustia allí donde el exilio ha llevado a tantos de nuestros poetas.

Edith Llerena (Madrid) nos dice en "Voz de tierra mojada por la lluvia" (*Las catedrales del agua*):

> Voz que acunaba colibríes/ y con tierra mojada por la lluvia/ construía guitarras (44).

Y Roberto Valero (Washington) en "Retornos" (*Dharma*):

> ¿Por qué habrá años duros para nosotros/ los que tenemos tanto exilio en la mirada? (...) Nosotros, cuya ambición final/ no es más que retornar a los sillones de la infancia (30).

Jesús Barquet (New Orleans) en "Cualquier día" *(Sin decir el mar):*

> Uno puede perderse cualquier día: cambiar de voz, oscurecer la risa, aparecer sin misterios y sin ruidos, como escapado del mar, como su aullido (90).

Uva de Aragón Clavijo (Miami) en "Biografía interior" (*Entre semáforos*):

Y la Isla prendida a la retina/ Y ya nunca hay raíz y ya nunca son acordes las voces/ interiores. Y ya nunca los sueños (85).

Para terminar, y ciñendo aún más este breve recorrido por el DOBLE EXILIO de nuestros poetas, digamos que asombra y alienta encontrar la nota soledad-desarraigo-angustia en poetas tan distantes como Agustín Acosta, nonagenario, de ciclo poético realizado, y Orlando González Esteva, exiliado en la adolescencia.

Ya en Miami escribe Acosta, unos meses antes de morir, su soneto inédito "Junto a la estatua":

> Golondrinas de ayer buscan su nido/ y soplos de huracán obstan su vuelo/ mientras un resplandor enrojecido/ perturba los alcázares del cielo/ Piedra sagrada que en silencio encierra/ todo lo que es amor en nuestra tierra/ sueño que al fin despertará algún día.

Y González Esteva, a los veinte años y al comienzo de su trayectoria poética, escribe su "Carta a Cuba" *(El mundo se dilata)*:

> Porque un hombre sin patria es un mendigo/ porque un hombre sin patria es una aldaba/ que no puede llamar y se ha podrido/ Porque un hombre sin patria es un abismo (...) porque un hombre sin patria tiene frío/ tiene sed, tiene miedo, tiene ganas/ de llorar hasta el nombre y dar consigo/ en la oscura piedad de una ventana (36).

El tema es amplísimo; pero el tiempo sólo me permite añadir que por su validez y vigencia, la poesía cubana escrita en el exilio merece un estudio hondo y objetivo que deje constancia de un quehacer poético que si es hoy POESÍA DE EXILIO será mañana POESÍA CUBANA.

Tan cubana como la poesía de José María de Heredia, Gertrudis Gómez de Avellaneda y José Martí, escrita fuera de Cuba.

Rutgers University
"Fuera de Cuba/Out of Cuba".
New Jersey. Octubre 28-30, 1988.

LA LITERATURA EN EXILIOS HISTÓRICOS DE LA AMÉRICA HISPANA Y SU INTERRELACIÓN CON LA CULTURA ESTADOUNIDENSE

Es de todos conocidos que los hechos históricos se repiten, y que ni el tiempo ni la experiencia nos han hecho aprender la lección que se empeñan inútilmente en enseñarnos.

El exilio ha ido siempre de la mano de la Historia. Baste recordar que si con el primer hombre creó Dios al pecador, con él creó al exiliado.

Lo cierto es que el exilio –accidente histórico repetido– es desgarradura de dintorno que marca profundamente sin distinción de clase, raza, país o afiliación política. Prueba de ello es el éxodo de escritores y no escritores de la Alemania Nazi y de la Rusia Roja, de la España de Franco y de la Cuba Comunista.

En la literatura de todos los tiempos encontramos a escritores que de una u otra manera lo sufrieron, dándose en los poetas la inquietante y dolorosa experiencia de un doble exilio. Quizás Ovidio, al sufrirlo, marcó el doloroso camino de los que, a través de los años, habrían de padecerlo.

Pudiéramos remontarnos al Siglo de Oro para recordar los exilios de **Francisco de Quevedo** y de **Lope de Vega**; o acercarnos al Romanticismo español para mencionar a **Espronceda** y al **Duque de Rivas**; o recordar que en nuestra América Hispana, **José de San Martín**, fundador de la nación Argentina, muere en Inglaterra y que

Bernardo O'Higgins, fundador de la chilena muere en Perú; que Gertrudis Gómez de Avellaneda, en su exilio voluntario y no por ello menos traumático, se aleja de Cuba para dejar su huella en la literatura de siempre, y que **Dolores Rodríguez de Tió** sale de Puerto Rico durante la etapa independentista para vivir largos años en Cuba, donde muere en 1924.

Pero como la intención de este trabajo es resaltar la influencia de los Estados Unidos en nuestros escritores, cabe mencionar que ya Jorge Mañach, en su libro *Historia y Estilo* publicado en La Habana en 1944, expone: "La resonancia de lo norteamericano entre nosotros –del periodismo inclusive– es más real de lo que se sospecha. La jerga de la crónica deportiva criolla no es sino forma extrema de una influencia que se ha dejado sentir hasta en nuestra prosa narrativa."

Resulta fácil comprender que en el exiliado –ya se trate de exilio político, económico o voluntario– exista una obvia interrelación con el suelo que lo acoge. Detengámonos un momento para recordar que la producción literaria de escritores de origen hispano que escriben en inglés es tema de estudio y de polémica al seguir abierta la interrogante: ¿deben considerarse estas obras como literatura puertorriqueña, dominicana, cubana...?

Dejemos bien claro que si tenemos escribiendo con éxito en inglés a **Sandra Cisneros**, méxico-americana *(The House of Mango Street)*; **Julia Álvarez**, dominicana *(How the García Girls lost their Accent)*; **Cristina García**, cubana *(Dreaming in Cuban)*, y tenemos en Los Ángeles, Miami, New York y tantas otras ciudades norteamericanas a jóvenes escritores escribiendo no sólo en inglés, sino en *spanglish,* también es cierto que desde muy atrás viene dándose la interrelación: exilio – país ancla – recíprocas influencias.

Y es aquí donde es preciso resaltar a una figura de la Cuba colonial que merece punto y aparte por dejar huellas tan hondas en los Estados Unidos que en septiembre de 1997 se honra su memoria con un sello postal.

Félix Varela (La Habana, 1778 – San Agustín de la Florida, 1853), sacerdote, profesor de Filosofía del Seminario de San Carlos y Diputado de Cuba en las Cortes Españolas –a quien se le llamó el Sócrates hispanoamericano– se anticipa en la historia al presentar tres proyectos revolucionarios: la absoluta autonomía para Cuba y Puerto Rico, el reconocimiento de la independencia de las nuevas naciones sudamericanas, y la más trascendental, cuarenta años antes del pronunciamiento de Lincoln en los Estados Unidos: la liberación de los esclavos y la abolición de la esclavitud.

Condenado a muerte por Fernando VII escapa a los **Estados Unidos** residiendo por largos años en **New York** y **San Agustín de la Florid**a, ciudades donde realiza una intensa labor humanitaria y cultural.

A Varela se le otorgaron los títulos de Vicario General de **New York** y Doctor en Teología *honoris causa* por el Seminario de **Santa María de Baltimore**.

Imposible continuar sin detenernos en tres exilios históricos que dejaron huellas en la América de Lincoln: **Sarmiento**, de **Hostos** y **Martí**.

Domingo Faustino Sarmiento (Argentina, 1811 – Paraguay, 1888), lucha no sólo por el derrocamiento de Rosas, sino por darle a la Argentina una total renovación. Exiliado en Chile, acelera el movimiento educativo en ese país y consolida una brillante carrera como periodista, educador y político sin cejar en su batalla contra el caudillaje enseñoreado en su patria. Con *Facundo* se le abren los centros intelectuales de Europa y América, con *Argirópolis* precipita la estrepitosa caída de Rosas. Desilusionado ante la realidad de un gobierno autocrático, emigra decidido a continuar la lucha. Estando en **Washington**, donde se le conoce, honra y admira, le toma por sorpresa el llamado de la Argentina que lo reclama como jefe de la nación. A Sarmiento se le considera uno de los más sobresalientes fundadores de la República Argentina y uno de los mejores escritores de nuestra América. En los **Estados Unidos** se le brindaron homenajes confirmatorios de que los límites de su reputación eran mucho más amplios que los de nuestra América Hispana.

Eugenio María de Hostos (Puerto Rico, 1839 – Santo Domingo, 1903), dedica su vida y su obra a toda la América. Lucha por la libertad de las Antillas Hispánicas, y cuando fracasa el intento de liberar a Puerto Rico se exilia en Santo Domingo, en Chile y en **New York**. En Santo Domingo redacta la ley de instrucción pública y funda la primera Escuela Normal de ese país; en Chile logra el acceso de la mujer chilena a la enseñanza universitaria. En **New York** deja su huella en defensa de la cultura y se hace oír al unirse a la Junta Revolucionaria Cubana para luchar arduamente por la libertad de Cuba.

Regresa a **Puerto Rico** al iniciarse la guerra Hispano-Americana confiando en su independencia, pero regresa a Santo Domingo al no lograr Puerto Rico su libertad política como nación. Hostos es uno de los educadores, pensadores y escritores que más contribuyeron al desarrollo de la enseñanza y la cultura.

Palabras al vuelo

José Martí (Cuba, 1853–1895), poeta, pensador, orador, periodista y Apóstol de la independencia de Cuba, fue un admirador y seguidor de Sarmiento y de Hostos, y a la vez profundamente admirado por ellos. A su muerte, escribió Rubén Darío que su sangre pertenecía "a toda una raza, a todo un continente". Gabriela Mistral lo sitúa, en poesía, inmediatamente después de Darío, otorgándole un primerísimo lugar como prosista confesando que "es el Maestro americano más ostensible de mi obra", y Guillermo Díaz Plaja lo considera "gigantesco fenómeno de la lengua hispánica". Pero es su exilio histórico lo que nos trae a él; lacerante exilio de un adolescente que a los dieciséis años es condenado a trabajos forzados para ser desterrado a España dos años más tarde. En España termina las carreras de Derecho y Filosofía y Letras; publica *El presidio político cubano* y *La República española ante la revolución cubana*, ganándose la admiración de escritores y políticos de la época. De España va a México, donde deja huellas tan hondas que el muralista Diego Rivera lo incluye en su famoso mural del Hotel del Prado. El movimiento que acaudillaba Porfirio Díaz lo obliga a abandonar México, trasladándose a Guatemala donde se rodea de figuras políticas e intelectuales de prestigio. Regresa a Cuba decidido a luchar por su independencia y allí es encarcelado y condenado de nuevo al destierro.

Viaja a España, París, **New York** y Venezuela. Vuelve a **New York,** donde reside desde 1880 hasta su regreso a Cuba para encarar la muerte. Quince años de vida y obra en **New York** asombrosamente fecundos en el orden intelectual y en el político. Allí publica cuatro números de la revista infantil *La edad de Oro*; escribe para los periódicos neoyorquinos *The Sun, The Hour, La América* y *Cronista Americano*, así como en prestigiosos diarios de

- 143 -

México, Buenos Aires, Caracas, Honduras y Montevideo. En 1887 escribe su magnífico artículo-ensayo "Walt Whitman", dando a conocer a este poeta en toda la América Hispana cuando era desestimado y poco conocido en Europa. Entre 1887 y 1890 es Cónsul de Uruguay, Argentina y Paraguay en los **Estados Unidos**, representando a Uruguay en la Conferencia Monetaria de las Repúblicas de América celebrada en **Washington** en 1891. Su muerte, en el campo de batalla de Cuba, conmovió a España y a las Américas.

Sarmiento, Hostos y Martí, tres exiliados históricos que desarrollaron brillantemente sus actividades como escritores, periodistas, educadores, estadistas y pensadores, dejándose oír y sentir, no sólo en España y nuestra América Hispana, sino en los **Estados Unidos**.

Avanzando en el tiempo, ocupémonos de la guerra civil española que dispersa a gran número de hombres y mujeres de letras. La diáspora española se hace sentir tanto en los **Estados Unidos** como en nuestros países hispanoamericanos al ser acogidos por gobiernos y universidades muchos de los poetas y escritores en éxodo. Entre los que dejan huella por ciudades y universidades norteamericanas, encontramos que:

Juan Ramón Jiménez se aleja de Madrid invitado por la Universidad de Puerto Rico; en La Habana, donde prepara y edita *El libro de la poesía cubana,* crea sólidos lazos de amistad con poetas y escritores cubanos; se instala en **New York**, en **Maryland**, en **Washington** y en **Coral Gables**. Regresa a Puerto Rico donde muere en 1958.

Jorge Guillén abandona en 1938 su cátedra universitaria en Sevilla para seguir una larga carrera profesoral de 19 años en los **Estados Unidos**. Se jubila en 1957 y regresa a una España sin Franco en 1977. Muere en Málaga en 1984.

Palabras al vuelo

Luis Cernuda también sale de España en 1938, sin imaginar que jamás volvería a ella. Se instala brevemente en Francia, Escocia e Inglaterra. En 1947 decide continuar su carrera profesoral en los **Estados Unidos**, enseñando en Universidades de **Massachussets**, en la Universidad de California en **Los Ángeles** y en el State College de **San Francisco**. En el exilio publica *Vivo sin estar viviendo*. Muere en México en 1963 durante una de sus acostumbradas visitas a la poetisa Concha Méndez.

Pedro Salinas se aleja para ejercer como profesor en universidades norteamericanas, muriendo en la ciudad de **Boston** en 1951. En Puerto Rico escribe *El contemplado*, inspirado en el Mar Caribe y a Puerto Rico fueron trasladados sus restos, por disposición suya, en 1991.

Concha Zardoya, chilena de nacionalidad española, busca refugio en Cuba y en **New York**, donde muere.

Pero volvamos a nuestra América Hispana y a sus escritores, recordando que **Gabriela Mistral** sale de Chile en 1922 evitando presiones políticas; que recorre varios países como Cónsul de Chile y que, aunque regresa a su patria en varias ocasiones, reside en los **Estados Unidos** en lo que se ha llamado "exilio voluntario" hasta su muerte en 1957. Recordemos también que **Julia de Burgos** abandona Puerto Rico para morir en **New York** en desolada miseria, y que la escritora chilena, **Isabel Allende**, nos sorprende con el éxito de un primer libro escrito y publicado en el exilio.

Aunque alejados del suelo norteamericano, cabe mencionar exilios que, por su cercanía, no pueden omitirse.

En Venezuela, a Rómulo Gallegos, Presidente electo en 1948, un golpe militar lo obliga a exiliarse en México y en Cuba.

Rufino Blanco Fombona escribe en el exilio su *Canto de*

la prisión y del destierro, muriendo desterrado en Buenos Aires.

A Pablo Neruda, su *Canto general* lo obliga a salir de Chile durante el gobierno de González Videla, y Nicolás Guillén se aleja cautelosamente de Cuba durante el de Fulgencio Batista. Manuel Puig abandona Argentina en 1963, muriendo en México en 1990.

Juan Carlos Onetti, Premio Cervantes 1981, se ve obligado a salir de Uruguay, radicándose en Madrid donde muere.

Augusto Roa Bastos, Premio Cervantes 1989, se exilia alejándose de Paraguay en 1947.

Álvaro Mutis, Premio Príncipe de Asturias en 1997, escapa de Colombia residiendo en México desde 1956.

Si impresionante es este breve repaso de poetas y escritores obligados a abandonar su patria, también lo es la diáspora del actual exilio histórico cubano que ha regado por muy diversos lugares a figuras relevantes de las letras cubanas.

Las limitaciones de tiempo impuestas a este trabajo me obligan a mencionar solamente a unos pocos de los muchos que han ampliado y enriquecido su obra en suelo extraño:

En **San Francisco,** Alma Flor Ada (Premio Nacional "Pura Belpré"), la escritora de habla hispana que más literatura infantil bilingüe ha publicado en los **Estados Unidos.**

En **Hawai**, Matías Montes Huidobro, poeta, dramaturgo y novelista de reconocida obra.

En **Miami**, entre otros, Hilda Perera, Premio "Lazarillo" de Literatura Infantil en dos ocasiones y finalista del Premio "Planeta"; Armando Álvarez Bravo, miembro correspondiente de la Real Academia Española y Premio

Internacional de poesía "José Luis Gallego"; Ángel Cuadra, Premio Internacional de Poesía "Amantes de Teruel" en dos ocasiones.

Aunque precisada a omitir a escritores con obra y premios importantes, no puedo hacerlo con dos escritoras de relevante trayectoria: Zoé Valdés (**París**), Finalista del premio "Planeta" (1) y Daína Chaviano (**Miami**), premio "Azorín", 1998 (2).

Otros, al crear y morir en el exilio, nos dejaron la validez de una obra reconocida. Duele saber que ni el tiempo ni el espacio permiten mencionarlos a todos.

Jorge Mañach, Anita Arroyo y Leví Marrero mueren en **Puerto Rico**. En **New York,** Reinaldo Arenas, José Corrales, Pablo LeRiverend, Rosario Rexach, Justo Rodríguez Santos.

En **Madrid,** Gastón Baquero, José Miguel Suárez Radillo, Edith Llerena. En **Londres,** Guillermo Cabrera Infante. Severo Sarduy en **París**. Heberto Padilla en Auburn, **Alabama**.

En **Miami** mueren Agustín Acosta (Poeta Nacional de Cuba), Carlos Montenegro, Lydia Cabrera, Enrique Labrador Ruiz, Lucas Lamadrid, Eugenio Florit, Mercedes García Tudurí, Adela Jaume, Pura del Prado, Ana Rosa Núñez, Martha Padilla, Gladys Zaldívar, Concepción Alzola.

Poetas y escritores cubanos que de una u otra manera se vieron forzados al exilio, y que han dejado su huella y su obra por lugares tan distantes como **África, Europa, Norte, Sur y Centro América,** pero sobre todo en suelo **norteamericano.**

No creo en las torres de marfil, porque en ellas ni se gestan ni se ganan batallas. El escritor es parte de la historia que le toca vivir, y como tal debe enfrentarse a ella, a sí mismo y a su circunstancia, defendiéndola con sus mejores armas.

Los exilios históricos –engendros de la imposición y la violencia– siguen repitiéndose de un extremo al otro de un mundo que sí es ancho, pero nunca ajeno. Nuestra América Hispana, que nació marcada por la injusticia, la ambición y el oportunismo –semillas explosivas de las dictaduras–, ha sido testigo y cómplice, víctima y victimaria. Ni hogueras, ni horcas, ni grilletes, ni fusiles, ni cáusticas soluciones de derecha o de izquierda han sabido defenderla. Confiemos en que la voz libre de sus escritores y poetas pueda hacerlo.

(1) Premio "Fernando Lara" de novela en 2003.
(2) Medalla de Oro de Florida Book Awards en 2007.

IV Congreso de Creación Femenina
Universidad Central de Bayamón, Puerto Rico.
Noviembre 16-20, 1998. (Ampliado)

EL HILO CONDUCTOR EN LA CENSURA, EL EXILIO Y LA AUTO-CENSURA

Hay una palabra, una ideología, un concepto, que nacen con el hombre, aunque no hay una toma de conciencia hasta que éste asume el privilegio de ser libre.

Un concepto por el que se muere y se mata, por el que somos dignos de vivir, por el que honramos la vida. Apenas tres sílabas: Li-ber-tad.

Libertad de pensamiento, libertad de acción, libertad de expresión. La religión judaico-cristiana la exalta en el divino regalo del libre albedrío, y la plasma la civilización pagana en las alas de la Niké de Samotracia.

La Libertad es el detonador que ha sacudido la historia del hombre y de los pueblos a través de los siglos, y es también el hilo conductor, aglutinador y liberador de las coordenadas **CENSURA-EXILIO-AUTO-CENSURA**.

Censurada fue Lilith cuando asumiendo su libertad abandona a Dios y al primer hombre, y Eva cuando se atreve a tentar a Adán, y Sor Juana y la Avellaneda y George Sand y Alfonsina...

No sería difícil llenar hojas y hojas con tanto nombre de mujer reconocida y censurada, sin tocar siquiera la vieja y enquistada censura que viene de muy lejos cargando las espaldas y limitando –o imposibilitando- el vuelo de tantas hijas de Eva que por falta de armas o de fuerzas, o de ambas cosas, no han podido tomar conciencia de sus derechos, su fuerza y su misión.

Tampoco es mi intención redundar en la estructuración machista que en nuestros países ha venido condicionando y reprimiendo social, cultural, sexual y emocionalmente a la mujer.

Es otra –ni nueva ni ajena– la censura que me hace escribir estas pocas cuartillas: la censura oficialista y despótica de los regímenes totalitarios.

La censura que tan atrás como el período independentista del Puerto Rico colonial obligó a **Dolores Rodríguez de Tió** a abandonar su patria para morir en Cuba y a **Concha Méndez** a huir de la España de Franco para refugiarse en México, donde muere. La censura que en Cuba ha perseguido y encarcelado a miles de mujeres dándose el caso de encontrarse, al mismo tiempo, en un mismo centro penitenciario y en condiciones infrahumanas, más de 600 de ellas en una amalgama surrealista de campesinas, estudiantes, analfabetas, empleadas, damas de sociedad, profesionales, cantantes, actrices, escritoras...

El libro de **Mignón Medrano**, *Todo lo dieron por Cuba*, publicado en 1995 y escrito con la objetividad del buen periodismo, mereció estas palabras del poeta e historiador chileno Alberto Baeza Flores: "Este libro de testimonios de las presas políticas cubanas (...) nos lleva a eras que creíamos superadas. A sucesos de *El cero y el infinito* que narró Arthur Koestler (...), al *Archipiélago Gulag* de Solzhenitsin y al *Nunca más* de Ernesto Sábato (...) No levantemos la cabeza con tanto orgullo por nuestra ciencia, nuestra tecnología y nuestra civilización". Denuncio, en fin, la censura que condena a **Ana Lázara Rodríguez** a 30 años de cárcel y 30 de prisión domiciliaria por levantar su voz contra fusilamientos arbitrarios, cumpliendo 19 años de encierro hasta lograr su libertad y la autorización para salir del país, exiliándose en Costa Rica en 1979 y en los Estados Unidos en 1980. Su libro-denuncia *Diario de supervivencia,* fue traducido al inglés, editado por Martin's

Press, New York, 1995, con el título de *Diary of a Survival* y publicado por el Readers Digest en versión condensada.

La censura que arrastra a **Albertina O´Farrill** a una condena de 20 años de cárcel y 20 de prisión domiciliaria, de la cual cumple 12 de encarcelamiento y 2 de libertad restringida y condicionada, hasta conseguir su salida hacia los Estados Unidos en 1979. El libro *De embajadora a prisionera política (Memorias de Albertina O'Farrill)*, nos lleva a la Cuba de antes, durante y después de la revolución.

La censura que troncha la carrera de **Isabel Rodríguez**, doctora en medicina, que tras 9 años de encarcelamiento sale por España en 1972, se radica un año después en los Estados Unidos donde revalida contra viento y marea su carrera y ejerce la medicina en hospitales norteamericanos durante 21 años. Su libro *Sin tiempo ni distancia* recoge sus vivencias.

La censura que encarcela a **Pilar Mora** desde 1959 hasta 1967, saliendo al fin por España para morir en los Estados Unidos. Su libro, traducido al inglés, *La verdad sobre el presidio político de mujeres en la Cuba comunista*, publicado en 1980, nos da el testimonio de muchas otras mujeres que sufrieron con ella el horror de este presidio.

La censura que hace cumplir 4 años de cárcel a **María Márquez**, periodista, forzándola a buscar asilo en España en 1970 y en los Estados Unidos en 1984. María Márquez es miembro activo de Mujeres Luchadoras por la Democracia y del National Press Club, con sede en Washington.

La censura que fuerza a **María Elena Cruz Varela** a tragarse papeles, versos y palabras, aunque no su dignidad de mujer y de poeta.

La censura que lleva a prisión en julio de 1997 –sin

causa judicial, ni petición fiscal– a **Marta Beatriz Roque**, entre otros, por firmar el documento "La Patria es de todos". Cabe añadir que en octubre de 1998 –o sea, 15 meses más tarde– se acusó al grupo de sedición, pidiendo la Fiscalía 5 años de cárcel para Marta Beatriz.

Sin tiempo para ahondar más en la **Censura** y siguiendo el título y la temática de este trabajo, pasemos al **Exilio**.

De mi trabajo "Literatura, Poesía y Poetas en Exilios del Mundo Hispano" cito: "El exilio es un accidente histórico repetido, un resquebrajamiento de entorno y una desgarradura de dintorno que marca profundamente sin distinción de clase, raza, país o afiliación política. Prueba de ello es el éxodo de la Alemania Nazi y de la Rusia Roja, de la España de Franco y de la Cuba Comunista."

Desde el exilio llevó su denuncia al Congreso Internacional del PEN en Edimburgo, la escritora bangladeshi **Taslima Nasrin**.

En el exilio se da el caso del rotundo éxito de **Isabel Allende**, hecho inusitado en la literatura latinoamericana.

En el exilio mueren –entre tantas otras– **Gabriela Mistral**, chilena; **Concha Zardoya**, de nacionalidad española; **Marta Traba**, argentina; **Lydia Cabrera**, cubana.

Y en el exilio crean y trabajan –condenadas al peregrinaje– las escritoras del actual exilio histórico cubano, obteniendo premios internacionales de relevancia en la poesía, la narrativa, el ensayo, el periodismo y la crítica literaria.

Las limitaciones impuestas a este trabajo sólo me permiten mencionar a tres de ellas: **Hilda Perera,** finalista del premio "Planeta" y en dos ocasiones premio "Lazarillo" de literatura infantil; **Zoé Valdés**, finalista del Premio "Planeta" en 1997 (1), y **Daína Chaviano**, premio "Azorín" de novela, 1998 (2).

Tomando el tema de literatura y exilio, me detengo para compartir unas palabras de Ismail Kadaré, escritor albano exiliado en París desde 1990: "La literatura tiene su propia vida al margen de los regímenes políticos".

Y ahondando en el tema, cabe decir que el escritor exiliado, enfrentado súbitamente al ejercicio de la libertad; dueño al fin de su voz y su palabra, grita a pulmón lleno y rabia desatada todo lo oculto, lo callado, lo censurado, para afrontar luego, también súbitamente, la realidad de un proceso de crisis de identidad en un entorno ajeno. Un entorno al que le son totalmente extraños su voz, su desarraigo y su problemática.

¿Supera el exilio la censura en la vida y en la obra de las escritoras condenadas al trasplante? ¿A las expulsadas otra vez del paraíso? No, pero les permite probar que pueden y saben andar, funcionar, colaborar y crear de igual a igual y mano a mano con el hombre.

En el libro de la profesora chilena Carmen J. Galarce, *La novela chilena del exilio,* la autora inserta unas líneas de Vázquez y Araujo que reafirman el desenvolvimiento de la mujer en el exilio:

> "El movimiento de mujeres se transforma en el movimiento más amplio e importante del exilio, a tal punto que con el tiempo las mismas organizaciones políticas que ridiculizaban su contenido terminaron por tomar conciencia y hacer suyas muchas de sus ideas."

¿Por qué, recobrada su libertad de voz y acción, no logra escribir libremente la escritora exiliada? Porque pasado el deslumbramiento, la euforia de saberse libre para decir, hacer, denunciar, enfrentarse, soltar amarras, descubre que el proceso la aísla; que su voz corre el riesgo de desmandarse, repetirse, agotarse, y decide, a contrapelo, embridar la voz y la palabra para reencontrarse; para llenar el aislamiento, para inventarse un discurso lógico y asequible. O sea, que se **AUTO-CENSURA**. La fase inicial de este proceso lo encontramos en las escritoras cubanas mencionadas anteriormente, María Elena Cruz Varela, Zoé Valdés y Daína Chaviano. El embridamiento, en escritoras de muchos años de exilio.

El discurso poético y narrativo de Cruz Varela, Valdés y Chaviano, fuera de Cuba, es un ejemplo válido de la catarsis que demanda un recién estrenado exilio; así, encontramos en sus obras una denuncia cruda, abierta, realista y violenta de todo lo prohibido, lo censurado, lo impuesto en suelo patrio.

En la obra de poetas y escritoras cubanas con décadas de exilio, el grito y la denuncian juegan a disfrazarse, a universalizarse, sin ocultar que subyacen o se agazapan para decir con tanta o más fuerza. Haciendo énfasis en esta fase de embridamiento –que puede darse consciente o inconscientemente y que ya han señalado estudiosos de la literatura de exilio– recojo brevísimas notas de cuatro de los diecisiete trabajos de crítica literaria que contiene el Vol. II, Num. 2, de *Anales Literarios*, 1998, editado por Matías Montes Huidobro y Yara González Montes, dedicado a poetas cubanas.

He limitado mi selección a cuatro autoras por tratarse de poetas que pertenecen al Comité de Mujeres del PEN de Escritores Cubanos en el Exilio (Filial del International PEN, Women Writers´ Committee), siendo dos de ellas miembros de su Junta de Gobierno.

Del trabajo de la Profesora Lourdes Morales-Cudmundsson sobre **Rita Geada**: "La asociación entre el recuerdo y la construcción de un espacio para conjurarlo o retenerlo es otra constante de esta poesía" y, entre otros, cita estos versos: *Arrojados desde un perdido paraíso/ el tiempo dando vueltas nos circunda/ señalándonos la ruta.*

Del trabajo del poeta Orlando Rossardi sobre **Ana Rosa Núñez:** "En *Las siete lunas de enero* el poema total y cumplido de Ana Rosa parte a andar la ruta del destierro..." y cita de Núñez: *Si hay que fugarse de lo serio/ que resulta estar aquí en la vida, en la presencia de tantas vagabundas criaturas/ sin poder estar allá/ donde resulta la noche el día que se perdió.*

Del trabajo de la Profesora Wilma Detjens sobre **Juana Rosa Pita** y refiriéndose al libro *Los viajes de Penélope:* "Aquí se ve la insistencia en el exilio de Penélope (...) Sus poemas son, en parte, la historia de Cuba. Su vida es en parte, la de Penélope...", y entre otros, cita de la poeta: *Me ha dado por creerme Penélope/ y es la mía la almohada/ más llorada del siglo.*

Del trabajo de la Profesora Raquel Romeu sobre **Amelia del Castill**o: "El exilio es tema que late por debajo de muchos poemas. Aunque hay muchas alusiones a la isla, no aparece la palabra Cuba...", y cita: *Borda espumas la barca que se aleja/ dejando cicatrices momentáneas/ y látigos de tiempo en la distancia.*

A mi juicio, esta autocensura, este disfrazar o agazapar, es una constante inherente al discurso poético o narrativo de todo escritor de largo exilio.

Termino este trabajo volviendo al concepto de Libertad; o sea, regreso a las primeras líneas del mismo, aunque no cerrando el círculo por temor a dejar atrapada la iluminadora fe en un mañana sin censuras.

Vuelvo, porque observo que me he referido a la Libertad como hilo conductor, aglutinador y liberador en el proceso **Censura-Exilio-Auto-censura** y que he explorado el proceso conductivo y unitivo, pero que he dejado de lado el proceso liberador. ¿Falta de confianza? ¿De soluciones? ¿De valor? No. Sencillamente porque es tarea de todas y cada una de nosotras. Porque es tarea de todos. Quiera Dios que la voz libre de escritores, periodistas, pensadores, poetas –hombres y mujeres– pueda enfrentarlo.

(1) Premio "Fernando Lara" de novela en 2003.
(2) Medalla de Oro de Florida Book Awards en 2007.

II Encuentro de Escritoras Latinoamericanas.
PEN Internacional-Comité de Mujeres Escritoras,
Guadalajara, México. Diciembre 1-4, 1998.

ENTORNO Y AUTO-CENSURA EN ESCRITORAS CUBANAS DEL EXILIO

Amplísimo y apasionante es el tema de la huella que imprime el exilio si echando a un lado resabios semánticos entendemos como tal, diáspora, desplazamiento, desgajamiento. Como entrar en él sería extenderme más allá de lo impuesto, me limitaré a recordar la estrecha relación entre el exiliado y el suelo que lo acoge, y a resaltar la auto-censura que se imponen muchas de las escritoras cubanas del actual exilio. Es sabido que la influencia del entorno marca al escritor exiliado –ya sea el suyo exilio político, económico, accidental o voluntario–, pero no es mi intención profundizar en el tema por haberlo tratado ampliamente en mi trabajo "Influencia de los Estados Unidos en exilios históricos del mundo hispano" presentado en el IV Congreso de Creación Femenina convocado por la Universidad Central de Bayamón en Puerto Rico. Baste recordar lo mucho que se ha cuestionado la obra de escritores de origen hispano que, con temática propia y familiar del suelo patrio, escriben en el idioma del país que los ha acogido. Abierta sigue la interrogante: ¿Se inserta o no la obra de estos escritores en la literatura de sus respectivos países?

Las opiniones varían, y como no es mi intención refrescar lo dicho por temor a repetirme, pasemos al tema que le da título a este trabajo. Si comprensible es la interrelación **exilio/entorno**, también lo es la de **censura/auto-censura** que se da en la obra de las escritoras citadas en este trabajo.

El Creador, al regalar al hombre el "libre albedrío", sembró en él la semilla de la Libertad que, sin lugar a dudas, es el detonador y liberador de la **censura**. De la censura que obliga a mirar más allá del yo violado y del horizonte ajeno: la censura que conduce al **exilio**.

Recordemos, al vuelo y apartándonos de lo más cercano y nuestro, a algunas de las voces femeninas de la literatura de siempre que crearon y murieron fuera de su patria.

Gertrudis Gómez de Avellaneda, cubana, muere en España; **Dolores Rodríguez de Tió,** puertoriqueña, muere en Cuba; **Concha Zardoya** (chilena/española), **Gabriela Mistral** (chilena), **Concha Méndez** (española) y **Julia de Burgos** (puertoriqueña), mueren en los Estados Unidos.

Tanto la profesora chilena Carmen J. Galarce como el escritor albano Ismail Kadaré han tratado ampliamente el tema no sólo de la literatura escrita en el exilio "al margen de los regímenes políticos", sino del quehacer, en todos los campos, del hombre o la mujer exiliados.

Confirman los postulados de estos autores el éxito del amplio abanico de escritores cubanos de muy variadas ideologías, que de una u otra manera se ven obligados a abandonar la Isla. De relevancia es observar que el exilio, lejos de ahogar, entorpecer o limitar la creación de narradoras y poetas cubanas dispersas por el ancho mundo, ha sido el acicate, el *leitmotiv* que les ha permitido legar a la literatura cubana una extensa y robusta obra.

Como en mi trabajo "El hilo conductor del exilio la censura y la auto-censura" presentado en la Convención Anual de Mujeres Escritoras (International PEN Women Writers Commitee, Guadalajara, México) traté ampliamente el tema de la imposición (**censura**), el grito (**catarsis**) y el embridamiento (**auto-censura**), tanto de las escritoras de largos años de exilio como las recientemente enfrentadas a la libertad, me limitaré a asomarme a la obra de tres escritoras de reciente exilio.

No es de extrañar que en *El ángel agotado* de María Elena Cruz Varela se dé la dualidad **embridamiento/ catarsis**, teniendo en cuenta que si bien el libro fue publicado en Miami, fue escrito en Cuba estando la poeta sometida a abierta vigilancia y constantes acosos. Cruz Varela disfraza y universaliza su voz poética (**autocensura**), hablando por y desde Ítaca, Ulises y Penélope, para decir lo que le está vedado:

> ¡Ay Ulises, cuánto nos cuesta este regreso a Ítaca! ¡Cuántos cuerpos dolientes pudriéndose en nombre de la sobrevivencia! Mis hijos van buscando su isla en mis rincones. Cortan, destazan. Tiemblan. Buscan en mí el paisaje (...) ¡Cuánto cadáver triste meciéndose en la playa!

Pero evadiendo el freno que le impone el círculo exterior que la amenaza y pretende encerrarla, deja escapar el **grito** y la **rabia** (**catarsis**) que exige su libertad interior de poeta:

> Santificada sea y bendecida esta oración y el **daño**. Esta oración. La **rabia**. El macabro ritual de los excomulgados Santificados sean (...) la **náusea**. La **loba**. La **inmundicia**. La **cuerda**. Los **maderos**. El **óxido**. Los **clavos**. El **daño**...

Zoé Valdés, de indiscutible reconocimiento, y entre tantos otros, finalista del Premio "Planeta"[1], evade la censura impuesta en Cuba con imágenes, metáforas y sinestesias que afloran disfrazadas; pero en su novela *La nada cotidiana*, escrita fuera de Cuba, Valdés desembrida sin tapujos ni medias palabras el rechazo, la acusación, la rabia, la denuncia de lo antes prohibido y que ahora puede gritar como escritora exiliada:

> Me lavé los dientes, desayuné agua con azúcar prieta y la cuarta parte del pan de ayer (...) Tengo pasta de diente gracias a una vecina que me la cambió por el picadillo de soya, porque yo sí que no ingiero eso. ¡Sabrá Dios con qué fabrican esa porquería verdosa y mal oliente. Me han vuelto vegetariana a la fuerza, aunque tampoco hay vegetales...

De la misma manera, **Daína Chaviano** Premio "Azorín" de novela(2), en *El hombre, la hembra y el hambre*, escrita en el exilio, se sabe libre para acusar con el encono, la rabia y la crudeza característicos de la **catarsis**:

> Esta isla se vende (...) No sólo su mano de obra, sino también su alma... Ya no era Claudia la licenciada en Historia del Arte, sino la Mora, una puta que se acostaba por jabones y libros...

Larga sería la lista de escritoras cubanas regadas por el mundo, no sólo con obra reconocida, sino con Premios Internacionales de prestigio en el campo de la cuentística, el ensayo, la novela y la poesía. Las limitaciones impuestas a este trabajo sólo me permiten hacer un bosquejo, lamentando valiosísimas omisiones.

Nedda G. Anhalt en México; Eyda Machín y Nivaria Tejera en Francia; Yara González Montes en Hawai y Miami; Rosario Hiriart en Madrid y New York; Josefina Leyva en Venezuela y Miami; Alma Flor Ada y Cristina García en California; Belkis Cuza Malé en Princeton y

Texas; Rita Geada en Connecticut y Miami; Juana Rosa Pita en Miami y Boston; Magaly Alabau, Carlota Caufield, Alina Galiano, Maya Islas, Iraida Iturralde, Mireya Robles, en New York. Y en este Miami nuestro, me sumo al grupo de Concepción Alzola, Uva de Aragón, Mercedes Cortázar, Carolina Hospital, Elena Iglesias, Sara Martínez Castro, Maricel Mayor Marsán, Hilda Perera, Teresa María Rojas, Gladys Zaldívar...
Imperdonable sería omitir a las escritoras que, con su recuerdo, nos dejaron voces que enriquecen nuestra literatura: Anita Arroyo (Puerto Rico), Lydia Cabrera (Madrid-Miami), Mercedes García Tudurí (Miami), Adela Jaume (Miami), Edith Llerena (Madrid), Ana Rosa Núñez (Miami), Martha Padilla (Miami), Pura del Prado (Miami), Rosario Rexach (New York).

(1) Premio "Fernando Lara" de novela en 2003.
(2) Medalla de Oro de Florida Book Awards en 2007.

I Encuentro Internacional sobre Creación y Estilo, "Con Cuba en la distancia", Universidad de Cádiz.
Cádiz, España. Noviembre 6-9, 2001.

LA LIBERTAD EN VOCES FEMENINAS DE LA LITERATURA CUBANA A CIEN AÑOS DE LA INSTAURACIÓN DE LA REPÚBLICA

Durante todo el año 2002, múltiples y variadísimas instituciones de exiliados cubanos regadas por el mundo celebraron el Centenario de la Independencia de Cuba.

A ciento cuatro años de ese acontecimiento, dedico estas páginas a la poesía cubana escrita por mujeres dentro y fuera de Cuba. Poesía que íntimamente ligada al imperioso llamado de la Libertad supo sobrepasar la Colonia, los destierros, las guerras, las inquietudes de la República y que, sin lugar a dudas, sobrevivirá el peregrinar y el desarraigo de tanta poesía escrita en este exilio nuestro, el actual, que asombrosamente sobrepasa el Éxodo bíblico sin un Moisés a la vista.

Cuba ha dado muchas y grandes voces líricas, pero duele ver el poco espacio que han dedicado los antólogos a la poesía escrita por mujeres. Para no ser parte de tanta culpa, y para recordarlas con ustedes, traigo hoy algunas de esas legítimas voces de la Literatura Cubana.

Comencemos recordando que la última de las colonias españolas en conseguir su libertad fue Cuba, y que aunque años de incesante movimiento independentista desembocara en la fallida Guerra de los Diez Años (1868-1878), no es hasta 1895 que estalla la que culminaría con su independencia bajo la carismática, gestora y aglutinadora voz de un poeta, orador y estadista: José Martí.

En toda Hispanoamérica la independencia, que es decir la libertad, tardó mucho, costó caro y enseñó poco.

Quizá nos faltó –nos ha faltado siempre– el acierto de enfrentarnos a nosotros mismos, reconocer faltas, mirar hacia adelante y echar a andar con el mapa del pasado en el bolsillo.

Pero dejemos a historiadores y pensadores la tarea de escudriñar los incesantes conflictos de nuestros pueblos y acerquémonos, a más de cien años de aquel 1902, a temas que me son más cercanos: la mujer, la poesía, el exilio.

LA COLONIA

Durante la Colonia, se levanta la voz de **Gertrudis Gómez de Avellaneda** (1814-1873) apagando voces femeninas no sólo de la América Hispana, sino de toda España. Considerada una de las figuras más relevantes de la literatura, la Avellaneda sale en plena juventud de Cuba. Ávida lectora, poeta y escritora precoz, inventa y ensaya dramas y comedias desde su niñez, pero es en España donde se da a conocer bajo el pseudónimo La Peregrina.

A Madrid llega precedida de sus éxitos en Granada, Málaga y Sevilla, alcanzando tal fama que se proponen sus admiradores llevarla a ocupar el sillón de la Real Academia de la Lengua Española que dejara vacante Juan Nicasio Gallego; pero ante el inesperado, inminente y "peligroso" empeño, se apresura la Real Academia en promulgar que no podrían las mujeres pertenecer a la misma.

Académica o no, su fama como poeta, dramaturga, novelista y mujer de brillante personalidad le valió tanto la admiración y el respeto de notables intelectuales, como las críticas más acerbas. La hondura de su voz hizo exclamar a Bretón de los Herreros, "¡Es mucho hombre esta mujer!", y ya por admiración, ya peyorativamente, se ha venido repitiendo este juicio rebatido por los estudiosos de la obra y la personalidad de esta mujer que, como mujer muy mujer, vivió, amó y sufrió intensamente.

Mucha de la obra de la Avellaneda está marcada, de una u otra manera, por la huella de la Isla que dejara atrás: el paisaje, la esclavitud, la problemática social, la mujer... Su amor a Cuba está y lo vuelca en "Al partir", "La vuelta a la patria", "A las cubanas", así como en sus *Memorias*, su *Epistolario* y la revista *Album cubano* que edita durante su visita a La Habana en 1859.

Ni sus éxitos, ni su fama, ni sus muchísimos años en España, ni sus desafortunados amores vividos en tierra española le hacen perder su condición de "americana". Tanto es así, que trabajándose en la preparación de una Antología que reuniría a poetas españoles e hispanoamericanos, y consultada sobre si debían aparecer mezclados, expresó: "No; los americanos deben figurar todos juntos para dar una idea cabal de la Literatura Hispanoamericana"; y en carta a Don Luis Pichardo, fechada en Sevilla en 1867, expresa: "Creí mi deber, como americana que se honra en serlo y por desear el mayor brillo y gloria de la parte del mundo en que nací, reclamar aquellos ilustres nombres para Hispanoamérica, a la que corresponden". Durante su visita a La Habana, es otra gran lírica, Luisa Pérez de Zambrana, quien la corona de laurel en el grandioso homenaje que se le rinde en el Teatro Tacón de La Habana.

Luisa Pérez de Zambrana (1835-1922), admirada y elogiada por la Avellaneda –quien le escribe el prólogo de su primer libro– era entonces la más alta de las voces que se dejaban oír en Cuba. Su poesía elegíaca, comparada con la de los mejores representantes del segundo romanticismo, ha sido considerada por críticos y estudiosos de su obra como poesía difícil de superar.

Otras voces femeninas sobresalen durante la Colonia, destacándose, entre otras, las de **Úrsula Céspedes** (1832-1874), con un primer libro prologado por el libertador Carlos Manuel de Céspedes; **Aurelia Castillo** (1842-1920) involucrada en la causa de la independencia de Cuba y desterrada a España; **Mercedes Matamoros** (1853-1906) y **Nieves Xenes** (1859-1915). Cuatro voces representativas de su época que, con el nexo de la cubanía y las inquietudes independentistas, supieron mantener personalidad y estilo propios.

Atención muy especial merece la fugaz, pero brillante presencia de **Juana Borrero** (1877-1896), perteneciente a una insigne familia de libertadores, poetas, artistas y escritores. Niña genial, voz poética de gran fuerza y pintora sobresaliente, muere en el exilio (Key West, Estados Unidos) en plena adolescencia. Su vida y su obra estarán siempre vinculadas a tres poetas: su padre, Esteban Borrero Echeverría, Julián del Casal, el gran amor de su corta vida, y Carlos Pío Urbach con quien, al morir Casal, sostuvo una relación amorosa que no logró borrar la sombra de éste.

Juana Borrero muere justamente un año después de comenzar la Guerra de Independencia, perdiendo la literatura cubana una voz joven que pudo haber sido la más sobresaliente de la recién inaugurada República.

Teniendo en cuenta que entre 1868 y 1898 sufre Cuba dos guerras, podemos decir que los poetas de la Colonia, tanto los de adentro como los desterrados o los obligados por una u otra razón a abandonar la Patria, vivieron el drama y el vacío de un pueblo en busca de su Libertad. Un pueblo exiliado dentro de sí mismo.

LA REPÚBLICA

Terminada la Guerra de Independencia, la familia Borrero es una de las muchas que regresan del exilio, dándose a conocer la voz de una hermana menor de Juana. **Dulce María Borrero** (1883-1945) se distingue no sólo como poeta, sino como prosista, ensayista y defensora de la mujer, llegando a ocupar la Dirección de Cultura del Ministerio de Educación.

Antes del hito que marca el proceso revolucionario, que desafortunadamente desemboca pronto en lo que es ya una vieja dictadura, sobresalen, entre otras, las voces de mujeres de gran personalidad y reconocimiento, siendo la voz lírica más alta la de **Dulce María Loynaz** (1902-1997).

Hija del poeta y General Libertador Enrique Loynaz del Castillo y hermana de poetas, su poesía de agua, luz y sombras trae a la literatura cubana una voz sugeridora, íntima y contenida que pertenece, afirma el escritor español Federico Carlos Sainz de Robles, "al grupo de las más ilustres voces poéticas femeninas de América".

Distinguida en distintos países por sus charlas y conferencias; viajera incansable y conocedora de América y Europa, es a su paso objeto de invitaciones y homenajes, otorgándosele en Madrid, en 1992, el prestigioso Premio Cervantes.

En la Cuba castrista Dulce María Loynaz opta por un desolado exilio interior, refugiándose en el mundo propio que protagonizó en su novela *Jardín* y haciendo una isla de la solariega casa de su infancia.

Mucho me gustaría acercarlos a la intensidad y variedad de tantísimas voces poéticas de mujeres que dieron prestigio a nuestra literatura, pero como ni el tiempo ni el espacio me lo permiten, me limito a citar a **Emilia Bernal**

Palabras al vuelo

Agüero, de fuerte individualidad artística y personal; la poesía de vanguardia de **María Villar Buceta**; la de **Ángeles Caíñas Ponzoa**, fundadora de La Casa del Poeta; la de **Emma Pérez Téllez**, anticipada a su época no sólo por su lucha a favor de los derechos de la mujer, sino por una poesía erótica que rompía los cánones imperantes; la de **Mercedes García Tudurí** de exquisita esencia mística, y la de **Adela Jaume**, voz lírica de gran fuerza y hondura.

Las tres últimas mueren en Miami, desarrollando en el exilio una vasta y reconocida labor en pro de la cultura, la libertad de expresión y la democratización de Cuba.

Pérez Téllez, de amplia experiencia periodística, en la preparación y edición de publicaciones de diversa índole.

García Tudurí, desde una cátedra universitaria ejercida durante largos años y presidiendo la Sociedad Cubana de Filosofía y la del Círculo de Cultura Panamericano.

Jaume, poeta, ensayista, pintora y periodista, colaborando en distintas publicaciones, recibiendo Premios por su obra poética y ensayística, y contribuyendo activamente al éxito de diversas instituciones culturales, entre ellas el Grupo Artístico Literario Abril (GALA) del que fue miembro fundador y una de sus presidentes.

Preciso es mencionar las voces de poetas que optaron por quedarse en Cuba, bien aislándose, bien acogiéndose al lamentable *status* imperante en la Isla: **Serafina Núñez**, **Josefina García Marruz**, **Carilda Oliver Labra**, entre otras.

EL ÉXODO

Cerrando el círculo que he intentado describir, y a vuelo de pájaro, rescato la voz lírica de algunas de las muchas poetas que no sólo han publicado extensamente en el exilio, sino que han obtenido premios internacionales tan relevantes como –entre otros– "Carabela de Oro" (Barcelona, España); "Cátedra Poética Fray Luis de León" (Universidad Pontificia, Salamanca, España); "Último Novecento" (Pisa, Italia); "Instituto de Cultura Hispánica" (Málaga, España); "Ciudad de Cieza" (Cieza, España); "Ateneo de Salamanca" (Salamanca, España); "Odón Betanzos Palacios" (Círculo de Escritores y Poetas Iberoamericanos, New York); "Letras de Oro" (Universidad de Miami).

Premios que han sido un merecido reconocimiento a nuestras poetas y a una poesía que ha dejado huella en más de un continente en las voces de:
 Mireya Robles en **South Africa**; Isel Rivero, Edith Llerena y María Elena Cruz Varela en **España**; Mayra Montero en **Puerto Rico**; Nivaria Tejera en **Francia**; Alina Galliano, Iraida Iturralde, Carlota Caulfield, Maya Islas, Magaly Alabau, Arminda Valdés Ginebra, Inés del Castillo, en **New York**; Belkis Cuza Malé, ahora en **Texas**.

Y aquí, en este **Miami** que se nos antoja casi nuestro, me sumo a los nombres de Uva de Aragón, Mercedes Cortázar, Rita Geada, Carolina Hospital, Herminia Ibaceta, Sara Martínez Castro, Maricel Mayor Marsán, Lillian Moro, Juana Rosa Pita, Teresa María Rojas, Gladys Zaldívar.

Mención especial merecen voces líricas de relieve que mueren en Miami después de décadas de exilio: Pura del Prado, Ana Rosa Núñez y Martha Padilla.

Larga sería la lista; pero las limitaciones impuestas a este trabajo me niegan la oportunidad de incluir a todas las que han dejado y dejan su voz en la Literatura Cubana de ayer, de hoy y de siempre. Literatura que no admite fronteras, purgas ni exclusiones y que, tristemente, las ha sufrido y las sufre.

Después de este breve recorrido por tantísimos años de poesía escrita por mujeres que supieron defender el derecho inalienable a la Libertad, reafirmo hoy, como mujer y como escritora, mi confianza en un futuro de escritoras cubanas sin demarcación de orillas. Mi confianza en una sola y libre Literatura Cubana.

III Encuentro de Centros PEN de Hispanoamérica,
San Miguel de Allende, México. Noviembre 25-28, 2002.

SOBRE LA BELLEZA Y LO SUBLIME DE EDMUND BURKE

Me propongo comentar en estas páginas el magnífico ensayo "Cuestionamiento filosófico del origen de nuestras ideas sobre lo sublime y la belleza", de Edmund Burke *(The Harvard Classics)*.

Ningún momento mejor que éste –plagado de vulgaridades y crudezas tanto en la poesía como en la prosa– para compartir una opinión tan acertada y maestra sobre la belleza y lo sublime no sólo en las artes, sino en la vida misma.

Andaba yo inmersa en la literatura norteamericana, viva en mi memoria la obra poética de William Cullen Bryant y Edgar Allan Poe, cuando leí el ensayo de Burke.

Movida por la belleza e intensidad de las palabras de Burke, me propuse identificar en algunos poemas de Bryant los elementos sublimes descritos en el ensayo; pero casi sin proponérmelo me vi envuelta en un paralelo indagar entre "El Cuervo" de Poe y el ensayo de Burke.

El ensayo comienza con un estudio sobre las reacciones del hombre ante la curiosidad, la novedad, la ansiedad; y cómo estos estados de la mente y del cuerpo, si bien afectan la creatividad, están muy lejos de provocar la más intensa de las emociones que la mente puede experimentar. Emoción ésta que alcanzaron algunos místicos y que requiere sacudidas que la provoquen.

Al encuentro de esa inigualable emoción iba Edgar Allan Poe cuando **creaba** "El Cuervo", y no es de extrañar que **luego**, al **descubrir** lo **Sublime** en el recién **creado** poema, se propusiera **resaltarlo**.

Creo que el impulso mágico y gestor de la poesía es ese esquivo regalo al que llamamos inspiración, musa, duendecillo. Dado a este regalo o don de Dios el papel protagónico que merece, digamos que nos resulta difícil creer que "El Cuervo" sea la obra maestra de un gran poeta que supo "utilizar todas las herramientas a su alcance", como se ha dicho en más de una ocasión.

El paralelo que me encontré haciendo entre el ensayo de Edmund Burke y el poema de Poe me hizo rechazar cualquier duda sobre elementos de sublimidad **intencionalmente** llevados al poema.

Edgar Allan Poe no echa mano de herramienta alguna para **elaborar** su poema. El poeta pulsa todas las cuerdas de la poesía, que no es lo mismo, y logra mucho más que una obra técnicamente perfecta.

La emoción, la angustia y el obsesivo uso de elementos depresivos estaban en "El Cuervo" desde el momento de su concepción porque todo, todo en el poema: tema, entorno, escenario, argumento..., está estrechamente ligado a la vida de Poe, minada desde muy temprano por la desolación, la neurosis, la pobreza y violentos o depresivos estados de ánimo.

En su estudio sobre el dolor y el placer, Burke afirma que el dolor no surge de la falta de placer, ni nace el placer por el cese o disminución del dolor:

"Dolor y placer tienen su propia naturaleza."
"Entre el dolor y el placer hay un estado de
indiferencia. En este estado de indiferencia
no se alcanza obra alguna de arte."

Este último pronunciamiento niega la deliberada manipulación de Poe en "El Cuervo". Creo, como afirma

Burke, que la obra de arte que surge en estado de indiferencia puede ser técnicamente correcta; pero nada más.

Se hace difícil creer que el poema de Poe fuera escrito en un estado de calma o indiferencia de la mente y del espíritu, y aún más difícil verlo como una obra premeditada, elaborada.

El ensayo de Burke nos dice que:

"Las ideas de dolor son mucho más fuertes que las del placer. La persona que sufre ama el dolor que lo consume; permite que lo domine. La naturaleza del dolor es tal que vive perpetuamente repitiendo una y otra vez sus detalles y circunstancias."

¿No está describiendo Burke tanto el estado de ánimo de Edgar Allan Poe como el del triste y solitario amante protagonista de "El Cuervo"? Claro que Poe, como todo buen poeta, estudia objetivamente lo creado y desbroza y pule y ciñe pulsando todas las cuerdas de la belleza, la sensibilidad y el buen gusto.

O sea, el poeta, el artista, en el magistral manejo de la belleza y de lo sublime que ya estaban en el poema. El poeta, el artista, en una impecable y lírica demostración de las emociones: miedo, pasión, fuerza, misterio, asombro. Emociones que ampliamente estudia y expone Burke en su ensayo y que me veo obligada a simplificar:

Pasmo/Asombro: Estado en que el alma se sobrecoge de asombro y horror.

Obscuridad: Asociada al miedo, a noches de presentimientos, peligros, fantasmas y demonios.

Dolor: Siempre causado por una fuerza superior, ya que nunca nos rendimos a él voluntariamente. Fuerza acompañada generalmente por el terror.

Grandeza: Las grandes extensiones son elementos poderosos de lo sublime.

Color y sonido: Los colores oscuros, el sonido embravecido de las tormentas, el efecto que produce un sonido breve pero de cierta intensidad, repetido a intervalos una y otra vez, causan grandes y nocivos efectos en la mente.

¿No están todos estos elementos de lo sublime en "El Cuervo"? La noche de tormenta en un hosco diciembre, la tristeza del amante, el miedo, el vívido recuerdo de Leonore, la presencia del cuervo (asociado a lo diabólico), los colores oscuros, el sonido de la tormenta y la breve, honda y angustiosa repetición de "nevermore".

Confieso que sólo me proponía trabajar en el capítulo sobre lo sublime, pero me envolví tanto en la obra de Burke que terminé metida de lleno en las páginas dedicadas a la belleza; páginas que aunque mucho me gustaría compartir con ustedes, me veo precisada a citar a saltos deteniéndome en algunas de las conclusiones de Edmund Burke. La primera:

"La verdadera naturaleza del arte está dentro del hombre."

¿Y cuál es la verdadera naturaleza del arte? ¿La sublimidad y belleza que nos describe Burke? ¿Sueño, magia, ilusión, metavisión? Todo eso y más, pero sobre todo: emoción.

De todo el ensayo de Edmund Burke se intuye que cualquier manifestación de arte que no despierte una emoción está incompleta.

No podemos poner en duda que en la sensibilidad de verdadero artista y poeta de Edgar Allan Poe germinara lo sublime, lo hermoso, lo trascendendente. Semillas todas de la emoción.

Para Burke, la belleza y lo sublime se asientan en diferentes bases. Para él, la belleza no consiste en proporciones, ni en medidas, cálculos o geometría, y para probarlo describe las flores, los animales y las personas afirmando que:

"La belleza es una cualidad fuerte y positiva, pero también es un efecto."

Magnífica la descripción que hace Burke de la admiración, el deseo, el amor y otros elementos de la belleza, opuestos a los elementos de lo sublime.

La belleza –dice– nos llega de manera muy diferente y está relacionada con objetos pequeños, suaves, delicados y tiernos; con colores claros y música sin notas ásperas o sordas.

Dedica cinco páginas al estudio comparativo del efecto de la poesía y la pintura en las pasiones, y coincido con su sabia opinión cuando afirma:

"La poesía tiene un dominio mucho más intenso y general sobre las pasiones. Nada como las palabras para expresar ideas de eternidad e infinitud. Una viva e inspirada descripción verbal puede dar una idea errónea de lo descrito, pero puede causar una emoción más intensa que la mejor de las pinturas".

Si tuviera la menor duda sobre esta afirmación de Burke, bastaría con preguntar: ¿Puede una pintura inspirada en "El cuervo", con todos los elementos de colorido, entorno y argumento, causar la misma emoción y angustia que despiertan las palabras del poema? No lo creo. El ensayo de Edmund Burke me hizo volver una y otra vez a mis poetas más queridos. Lorca de mi primerísima juventud, Whitman abriéndome las puertas de la literatura norteamericana, Martí, Vallejo, Octavio Paz... A los poetas, todos, llenando de música, ideas y palabras este hoy nuestro tan ajeno y desensibilizado.

Este hoy nuestro que exalta todo lo opuesto a lo sublime y lo bello que nos regala Edmund Burke en las páginas de su magnífico ensayo.

El poder de las palabras ha movido siempre a los hombres y a los pueblos. A viva voz las cantaron los juglares para regar lo que sería luego: Historia.

Ojalá sepan apreciar los hombres y los pueblos el regalo de tan valiosas armas.

XXVIII Congreso de Verano, Círculo de Cultura Panamericano,
Koubek Center, University of Miami. Julio, 2008.
Círculo: Revista de Cultura, Vol XXXVIII.
New Jersey, 2009.

UNA MIRADA AL JUDAÍSMO, LOS PROFETAS Y LAS PROFECÍAS

Tratar un tema tan hondo y rico como éste en unas pocas cuartillas es ambicioso y atrevido; pero vamos a intentarlo acercándonos al judaísmo, tronco del que surgiría la más bella y consoladora de sus ramas: el Cristianismo.

Antes de existir Israel como pueblo, los hebreos eran nómadas que se desplazaban con sus carpas y rebaños por la Mesopotamia. La venida de Jesucristo, su revelación y redención, fueron una fase más del tejer y destejer de este pueblo hebreo, los "elegidos de Dios", a través de los siglos.

¿Por qué elige Dios a este pueblo de nómadas para arrasar con el politeísmo, levantando lo que se ha llamado Monoteísmo Ético, inspiración y base del Cristianismo y del Islamismo?

Como una breve mirada al tema no nos permite mucho, recordemos que entre estos nómadas va a escoger Dios a Abraham, a quien, ya anciano y de anciana esposa, le promete y concede no sólo el milagro de un hijo, sino "una descendencia tan numerosa como las estrellas del firmamento".

Obedeciendo un pacto hecho con Dios, abandona Abraham su patria, Caldea, rumbo a Canaán, llevando la palabra divina. En Canaán se le llamará "el hebreo", que significa "el que llega de la otra orilla".

Con Abraham (1750 AC) comienza la lucha de los hebreos por la Tierra Prometida, lucha que continúa hoy por el Israel de nuestros días. Largo y sufrido el andar y desandar del pueblo hebreo; pero como el tiempo sólo nos permite repasarlos, detengámonos brevemente en los dos hijos de Abraham: Ismael e Isaac.

A Ismael, hijo de Abraham y la esclava Agar, se le considera el padre de los Ismaelitas, nómadas relacionados con los árabes.

Isaac es el hijo tardío, el milagro concedido por Dios a Abraham y a Sara, y es también el hijo amado a quien se disponía Abraham a sacrificar obedeciendo a su Dios.

Es importante resaltar que Isaac fue el padre de los gemelos Esaú y Jacob; y es importante porque la diferencia entre estos dos hermanos y la batalla sobre los derechos del primogénito marcarían la guía espiritual de la tribu.

Esaú, el primero en nacer, es rudo, violento e impulsivo. Jacob, apacible y bien intencionado. Con Jacob surge el nombre de Israel cuando, al alejar Jacob a esposas, hijos y siervas protegiéndoles de la ira que teme de su hermano Esaú, se enfrenta toda una noche con un desconocido que al marcharse le dice: "No te llamarás Jacob, sino Israel, que significa combatiente de Dios", porque no es otro el combatiente de Jacob. Llamados israelitas o hijos de Israel fueron desde ese momento sus descendientes.

Jacob tuvo doce hijos representando cada uno de ellos las doce tribus de Israel. Siguiendo a vuelo de pájaro la trayectoria del pueblo judío citamos, de los doce hijos de Jacob, a José y a Benjamín. A José, por recordar que fue vendido como esclavo por sus hermanos mayores y llevado a Egipto, donde alcanzaría fama y fortuna. A Benjamín, el más joven, por encontrarse en él la raíz de esa expresión tan nuestra, "el Benjamín de la familia".

A Egipto entraban y de Egipto salían estos nómadas, y guiados por Moisés huyen del Egipto que los esclavizaba.

Dios hizo pactos verbales con Abraham y Jacob; pero

con Moisés, el elegido para sacar de Egipto a su esclavizado pueblo (932 AC), hace Dios un pacto distinto con el pueblo de Israel. Un pacto escrito. Una Alianza que culmina con la llegada de Cristo.

No puede sorprendernos el asombro, las dudas, el temor de Moisés al preguntar: "¿Qué diré a los judíos…? ¿Quién eres…?" Y la aparente sencillez de la respuesta: "Yo soy". Al traducir estas palabras surgirá, para unos, **Yahvé**; para otros, **Jehová**. Los judíos, sin embargo, no se atreverán a repetirlas y surge el **Adonay**, que significa "mi señor".

El Decálogo –pacto escrito entre Dios, Moisés y el pueblo de Israel– es lo básico y esencial para el progreso y la salvación del hombre. Apoyado en él y con la idea de un solo Dios, universal, omnisciente y omnipotente, "sin forma que lo limite ni espacio que lo contenga", guiará Moisés a su pueblo durante 40 años, muriendo frente a las puertas de Canaán, la Tierra Prometida.

Un siglo tendrá que esperar el pueblo de las doce tribus para tomar conciencia de su identidad, porque al dividirse buscando cada una de ellas su primacía e independencia, impidieron que el pueblo de Israel lograra formar una gran nación.

Ante el caos y las constantes invasiones los hebreos, tan celosos de la brillantez de otros pueblos como ansiosos de paz y unidad, piden un rey, y es entonces cuando intercede Dios a través de Samuel, maestro y profeta de todo Israel.

Samuel advierte al pueblo hebreo que al convertirlos en siervos el rey tendría derechos sobre sus tierras, sus mujeres y sus hijos; pero rey quieren y rey se les da al anunciar Dios a Samuel exactamente dónde y cuándo encontraría a Saúl: el primer rey elegido por Dios.

También por mandato divino va Samuel en busca de David, el joven pastor, músico y poeta quien, ya triunfante guerrero, destrona a Saúl siendo el primer rey elegido por el pueblo de Israel. Muchos reyes tuvo el pueblo hebreo, pero la brevedad me obliga a detenerme solamente en David y en su hijo y sucesor, Salomón.

David conquista Palestina y hace de Jerusalén el centro de la unidad nacional. Engrandece a Israel y lega al mundo los poéticos y bellísimos Salmos, monumento literario y fuente inagotable de consuelo y de fe. Elijo, por ser uno de mis preferidos, este fragmento del Salmo 130:

> Desde el abismo clamo a ti, Señor,
> escucha mi clamor.
> Que tus oídos pongan atención
> a mi voz suplicante.
> Yo espero en el Señor.
> Mi alma espera y confía en su palabra.
> Mi alma aguarda al Señor
> mucho más que a la aurora, el centinela.

Al morir deja David a su hijo Salomón un reino rico y poderoso; reino que se engrandecería hasta decirse que "en riquezas y sabiduría no hubo otro Rey que superara a Salomón".

Una de las esposas de Salomón fue hija del Faraón de Egipto, y con sus muchas esposas extranjeras trae Salomón al Reino fama y esplendor nunca vistos. Reúne en su corte a sabios y escritores; se redactan las tradiciones de Israel hasta entonces transmitidas verbalmente; aparecen los libros más antiguos de la Biblia y se construye, entre otras espléndidas obras arquitectónicas, el Templo de Jerusalén, que sería contado entre las maravillas del mundo.

Salomón es el rey que tan sabiamente defiende al niño en el juicio de las dos madres, y el rey que nos lega el *Cantar de los cantares*, idilio pastoril que "nos entrega el mensaje religioso de toda la Biblia al expresar poéticamente la búsqueda del amor, cantando al amor entre el pueblo (la pastora) y Dios (el Pastor)".

El *Cantar de los Cantares* fue traducido del hebreo por Fray Luis de León; primero en prosa, y recreado luego en bellísimas Liras. De la versión en prosa (Égloga Pastoril) escojo a saltos:

> Cuando estaba el rey en su reposo
> mi nardo dio su olor...
> Yo a mi amado, y mi amado a mí...
> Manojito de mirra, el mi amado morará entre mis pechos...
> ¡Que me bese con los besos de su boca!
> ¡Ay, cuán hermosa eres!
> Como torre de David tu cuello...
> Tus dos pechos son como dos gamitos mellizos...
>
> ¡Que me bese con los besos de su boca!
> Porque es fuerte el amor como la muerte,
> y la pasión tenaz como el infierno...

De la versión en liras:

> En mi lecho he buscado,
> en medio de la noche sosegada,
> a mi querido amado,
> y extendiendo alterada
> por la cama los brazos,
> no hallé nada (...)
> Venga a su huerta hermosa
> a comer las manzanas el amado...
> Mi amado está llamando
> a la puerta diciendo:
> ábreme, esposa que me estoy muriendo.

Aunque mucho se ha elaborado sobre el Cantar y resulta fascinante adentrarse en las distintas vertientes, lo cierto es que el poema es de un lirismo erótico tan bien logrado que resulta poesía de hoy y de siempre.

A la muerte de Salomón se divide el país en dos reinos: el de Israel al Norte, y el de Judá al Sur. El reino de Israel deja de existir como nación al cabo de dos siglos. El reino de Judá, con Jerusalén y la Dinastía de David, sobrevive en constante peligro entre dos grandes naciones: Asur y Egipto. Corto fue su período de gloria, y si logra la paz por algún tiempo, gracias a los profetas que mantienen viva la tradición religiosa, sucumbe al fin el año 587 AC (año de la destrucción de Jerusalén y del destierro a Babilonia), convirtiéndose en una nación pequeña que pierde su sentido de identidad.

Puede decirse que a través de siglos de prosperidad, riquezas, poderío, constantes guerras, luchas internas y divisiones, hasta la decadencia final, el pueblo hebreo madura hasta la sublimidad y lucidez de sus grandes profetas.

Ardua tarea la de sus profetas si tenemos en cuenta las adversidades que sufrió el pueblo hebreo, su contacto con pueblos muy distintos y la atracción de religiones menos exigentes.

Lo poético en los profetas

No puede entenderse la evolución del judaísmo sin estudiar la historia paralela de los profetas. Les da Dios el don de adivinar, y adivinando y recitando riegan su mensaje –aunque no siempre en tierra fértil– manteniendo viva una constante llamada de Dios al pueblo de Israel.

En hebreo, al profeta se le llama nabí, que significa "hombre del verbo", y son los profetas los portadores de los mensajes divinos que recuerdan al pueblo los pactos con Abraham, con Jacob y, sobre todo, la Alianza entre Moisés y el pueblo hebreo.

En las palabras de los profetas encontramos una rica cantera de elementos poéticos con vigencia en la literatura actual; pero antes de adentrarnos en los profetas mayores recordemos a Natán –quien anuncia a David la muerte del hijo de su pecado con Betsabé– y a los profetas Amos y Hosea.

ISAÍAS es el profeta clásico, fuerte y consolador. Se le ha llamado el profeta-estadista. Muy poéticamente se refirió siempre a Jerusalén, su ciudad natal, como la "Hija de Sión".

Era un niño Isaías cuando predicaba Amos y un adolescente en tiempos de Hosea, profetas que dejaron hondas huella en él.

Testigo de la caída y destrucción del reinado del Norte, dominado por Asiria, Isaías advierte a su pueblo del sitio y caída del reino de Judá y de su amada Jerusalén.

Con bellas y asombrosas profecías anuncia la llegada de un Mesías "nacido de doncella, que sería Profeta, Sacerdote y Rey", haciendo una descripción casi exacta de la venida de Jesucristo, su tránsito de Belén a la cruz sin omitir la estrella que guiara a los Tres Reyes y el suplicio de la flagelación y la crucifixión. A saltos, escojo de Isaías:

> Habitarán el lobo y el cordero.
> Aplica como esclava tu brazo a la rueda del molino.
> La vendimia está llorando, la vid perdió su vigor.
> Saldrá un renuevo del tronco de Jesé y de su raíz
> se elevará una flor.

JEREMÍAS, tímido joven llamado por Yavé, es el profeta de mensaje duro y hondo. "Donde te envíe irás", le dice Yavé, y obedece Jeremías anunciando, a siglos de distancia, la degollación de los inocentes por mandato de Herodes. Sus lamentaciones son verdaderas elegías y mucho debió sufrir ante la "sordera del alma" del pueblo hebreo, no sólo vencido y esclavizado, sino desarraigado e indiferente a la palabra de Dios:

> ¡Qué sola está la ciudad populosa! La grande entre las naciones se ha vuelto como viuda (...) Desapareció de la hija de Sión toda su hermosura (...) Quién me dará en la soledad una choza de pasajeros...

EZEQUIEL lucha durante la época del cautiverio en Babilonia y anuncia la destrucción de Tiro y de Sidón, ricos e influyentes puertos fenicios en las costas de Palestina. Su palabra, oscura a veces, merece el estudio que se ha hecho del manantial exuberante de sus imágenes.

> Tus fundadores te hicieron hermosa. Tu casco fue construido con cipreses del Hermón, tu mástil con cedro, tus remos de Encina de Basán (...) Pero el viento del este te hundió en medio del mar.
> Yo vi su aspecto como una especie de electro resplandeciente (...) La vara del castigo floreció, la soberbia ha echado sus ramas (...) Y ninguno de los árboles plantados junto a la corriente de las aguas se engreirá en su grandeza (...)

DANIEL es el profeta apocalíptico y visionario, como lo sería luego el Apóstol Juan. Medio siglo antes de Jesucristo habla del Mesías como "el hijo del hombre", y los judíos convertidos al Cristianismo vieron enseguida en Jesús al

Hijo del Hombre de su profecía. En dos ocasiones es echado Daniel a los leones y no le tocan las fieras. Hago una pausa sin apartarme del tema, para recordar "Los motivos del lobo" de Rubén Darío, y preguntarme: ¿Habló Daniel a los leones? ¿Fue acaso su voz justa y dulce como la del Santo Franciscano? La palabra de Daniel –así como sus sueños y visiones– es difícil y elevada:

> Cuatro grandes bestias salían del mar. La primera era como una leona, y tenía alas de águila (....)
> Y se alzará como el príncipe de los príncipes, pero será aniquilado, y no por obra de hombre (....)

¿No nos recuerdan estas palabras el Apocalipsis del Apóstol Juan?

Este llevar y difundir la palabra de Dios en la voz de los profetas se repetirá luego en los discípulos de Jesucristo, y la interpretación cristiana de la Biblia nos dice que:

> A Abraham le nace un hijo, pero su verdadera descendencia es Cristo.

> Se le promete una tierra, pero la verdadera tierra es el reino de Dios.

> A David se le promete un heredero y un reino, pero el Rey es Cristo y el reinado no es el de Salomón.

El Hijo del Hombre de las Profecías

Los Profetas recordaban al pueblo hebreo las obligaciones contraídas, tanto por los pactos de Yahvé con Abraham y Jacob, como por la Alianza con Moisés; alianza que regaría más tarde la palabra de Jesucristo, su muerte y su resurrección, estableciendo lo que sería una nueva Alianza. Y no caben ya los horrores del pasado en este nuevo pacto con un Dios de humildad, fortaleza y amor. Su mensaje y su invitación a ser parte de su revelación más trascendente –la Familia Trinitaria– saltarán los límites del pueblo hebreo para llegar a todos los hombres. El Hijo del Hombre de las Profecías tenderá un puente entre el ayer, el hoy y el siempre. Su voz abrirá los caminos de la igualdad, la verdad, la fe, la esperanza y la caridad.

Resumen:

Desde Abraham hasta nuestros días vemos encadenarse los hechos histórico-religiosos profetizados, acontecidos y vividos en continuidad asombrosa, para dejarnos con la certidumbre de que el hombre de hoy, a pesar de siglos de civilización, no es mejor que nuestros antepasados bíblicos, y que sólo buscando y siguiendo la palabra de Dios, dondequiera que ésta se encuentre, estará el hombre dando un paso hacia el descubrimiento de su YO íntimo, de la paz interior y de la relación armoniosa entre hombres y pueblos.

Ambiciosa aspiración –utópica quizás–, pero no imposible para los seguidores de ese Dios único que nos legó el Judaísmo.

St. Thomas University (Biscayne College). Miami, 1981.
Círculo de Cultura Hispánico (The Palace Suites Theater). Miami, 2009.

OBRAS CITADAS Y CONSULTADAS

Acosta, Agustín. *La Zafra*. La Habana: Editorial Minerva, 1926.
____ *El Apóstol y su Isla*. Madrid: Siasca Talleres, S.A., 1974.
____ *Trigo de luna*. Santo Domingo, R.D.: Editorial Horizonte, 1978.
____ *Junto a la estatua* (inédito).
Aguilar León, Luis. *"De Jack Nicholson a Vladimiro Roca"*. El Nuevo Herald, 19 de julio de 1998.
Álvarez, María Edmée. *Literatura mexicana e hispanoamericana*. México: Editorial Porrúa, 1980.
Anderson Imbert, Enrique., y Eugenio Florit. *Literatura Hispanoamericana - Antología e Introducción Histórica*. New York: HR & W, 1960.
Arias de la Canal, Fredo. *Antología cósmica de ocho poetas cubanas*. México: Frente de Afirmación Hispanista, 1998.
Barquet, Jesús. *Sin decir el mar*. Madrid: Editorial Playor, 1981.
Blanco Pascual, Francisco J. *"Proyecto ALERTA de Juan Ramón Jiménez"*, Biblioteca Virtual Miguel de Cervantes, 2008.
Burke, Edmund. *"A Philosophical Inquire into the Origin of our Ideas of the Sublime and the Beautiful."* Vol. XXIV, Part 2. The Harvard Classics. New York: P.F. Collier & Son, 1909, 1914
Castillo, Amelia del. *"El hilo conductor en la censura, el exilio y la autocensura."* Vol III, México: Women Writers´ Committee. La Luciérnaga Editores, 2000.
____ *"Influencia de los Estados Unidos en exilios históricos del mundo hispano"*. IV Congreso Creación Femenina, Universidad de Bayamón, Puerto Rico, 1998.
Cazorla, Roberto. *Subir de puntos*. Madrid: Artegraf, i.g., S.A., 1978.
Clavijo, Uva. *Entre semáforos*. Miami: Ediciones Universal, 1981.
Cohen Mortimer, J. *Pathway Trough the Bible*.
Philadelphia: The Jewish Publication Society of America, 1959.
Cruz Varela, María Elena. *El ángel agotado/The Exhausted Angel*.
Madrid: Ed. Fund. Liberal José Martí. Madrid: Gráficas Rogar, 1992.
Cuadra, Ángel. *Tiempo del hombre*. Madrid: Hispanova de Ediciones, 1977.
____ *Impromptus*, Washington, D.C.: SOLAR, 1977.
____ *Poemas en correspondencia*. Washington, D.C.: SOLAR, 1979.
____ *La voz inevitable*. Miami: Ediciones Universal, 1994.
____ *Fantasía para el viernes*. Miami: SOLAR, 1985.
____ *Diez sonetos ocultos*. Miami: Ediciones Universal, 2000.
____ *De los resúmenes y el tiempo*. Miami: Ediciones Universal, 2003.

Chaviano, Daína. *El hombre, la hembra y el hambre*. Barcelona: Planeta, 1998.
de León, Fray Luis. *El Cantar de los Cantares*. Madrid: EDAF Ed., 1970.
Diccionario Enciclopédico Espasa. Madrid: Espasa Calpe, 1994.
Enciclopedia Alfabética. Barcelona: Plaza & Janés Ed., 1994.
Enciclopedia Hispana. Londres: Enciclopedia Británica, 1990.
Florit, Eugenio. *A pesar de todo*. Miami: Ultra Graphics, 1987.
Franco, Jean. *Historia de la literatura hispanoamericana*. Barcelona: Editorial Ariel, 1983.
Galarce, Carmen J. *La novela chilena del exilio* (1973-1987). Santiago de Chile: Departamento de Estudios Humanísticos, Facultad de Físicas y Matemáticas, Universidad de Chile, 1994.
Geada, Rita. *Mascarada*. Barcelona: Ed. Carabela de Oro, 1970.
González Esteva, Orlando. *El mundo se dilata*. Miami: Editorial Isimir, 1979.
Guillén, Nicolás. *Grandes elegías y otros poemas*. Caracas: Biblioteca Ayacucho, 1984.
Hernández Miyares, Julio. *Antillana rotunda*. Madrid: Plaza Mayor, 1974.
Iglesias, Elena. *Cuenta el Caracol*. Miami: Ediciones Universal, 1995.
____ *Aloni Gabriel y Mariposa / Aloni Gabriel and Butterfly*. Sunrise, Florida: Minuteman Press, 2004
____ *The Philosophy of my Wandering Cat*. Baltimore, Md.: PublishAmerica, 2009.
____ *Temblor de luz*. Coral Gables, Florida: La Torre de papel, 2009.
Jiménez, Onilda A. *La crítica literaria en la obra de Gabriela Mistral*. Miami: Ediciones Universal, 1982.
Jurado Morales, José. *Azor en Vuelo*. Vol. II-V, Barcelona: Edicionas Rondas, 1980 y 1981.
La Biblia. Madrid: Sociedad Bíblica Católica Internacional. Roma: Ediciones Paulinas, 1972.
Lamadrid, Lucas, *Madréporas*. La Habana: Libro de la poesía cubana. Asociación Hispano– Cubana de Cultura, 1936.
____ *Cantos de dos caminos-Antología Mínima*. Barcelona: Artes Gráficas Medinaceli, 1977.
____ *Cantos de la Tierra y el Hombre*. Miami: Al's Graphics, 1978.
____ *Trayectoria de la indignación* (Inédito).
____ *Poemas en la luz oblicua* (Inédito).
____ *Retablos esperpénticos* (Inédito).
____ *Panoplia de símbolos* (Inédito).
Lazo, Raimundo. *Historia de la literatura cubana*. México: Universidad Nacional Autónoma, 1974.
LeRiverend, Pablo. *Hijo de Cuba soy*. Barcelona: Ediciones Rondas, 1980
____ *Q-21, Colectivo de poetas*. Newark, New Jersey: Editorial Q-21, 1983.
Llerena, Edith. *Las catedrales del agua*. Madrid: Ed. Playor, 1981.
Loynaz, Dulce María. *Obra lírica*. Madrid: Aguilar, 1955.
Machado, Antonio. *Poesías completas*. Madrid: Espasa-Calpe, 1975.

Mañach, Jorge. *Historia y estilo*. (La Habana, 1944) Ed. Facsimilar. Miami: Editorial Cubana, 1994.
Martí, José. *Páginas Selectas*. Buenos Aires: Angel Estrada y Cía. S.A. s/f
_____ *Obras completas*, La Habana: Editorial Trópico, 1936-1953.
_____ *Flores del destierro*. *Antología*. México: Ed. Novaro, 1963.
Menéndez Pelayo, Marcelino. *Antología de Poetas Hispanoamericanos*. Vol. I. Madrid: Real Academia Española, 1893.
Medrano, Mignón. *Todo lo dieron por Cuba*. Miami: The Endowment for Cuban American Studies, Printech, 1995.
Mistral, Gabriela. *Desolación, Ternura, Tala, Lagar*. México: Editorial Porrúa, S.A., 1973.
_____ *Lectura para mujeres*. Veracruz, México: Univ. Veracruzana, 1980.
Montes Huidobro, Matías. *Nunca de mí te vas*. Miami: Ediciones Universal, 1997.
Montes Huidobro, Matías., y Yara González Montes. *Anales Literarios-Poetas*, Num. 2, Vol II. 1998.
Mora, Pilar. *"La verdad sobre el presidio político de mujeres en la Cuba comunista."* Miami: Revista Ideal, 1980.
Núñez, Ana Rosa. *Crisantemos-Crysanthemums*. Ed. bilingüe. Madrid: Editorial Betania, 1990.
_____ *Las siete lunas de enero*. Miami: Cuadernos del Hombre Libre. (Poesía 4), 1967.
_____ *Sol de un solo día*. Miami: Ediciones Universal, 1993.
_____ *Loores a la palma real*. Miami: Ediciones Universal, 1976.
_____ *Poesía en éxodo*. Miami: Ediciones Universal, 1970.
O'Farrill, Albertina., y Yerovi Pino Pino. *De embajadora a prisionera política (Memorias de Albertina O'Farrill)*. Miami: Editorial Universal, 1991.
Padilla, Martha. *El zunzún viajero*. Miami: Pliego, 1999.
_____ *Los tiros del miserere*. Miami: Los Nuevos, 1972.
_____ *Remedio santo*. Coral Gables: Ed. personal. Colección Casasola, 2003.
_____ *Perfil de frente*. Ed. Mauricio Fernández. Arlington, Virginia: Edición limitada de autores cubanos, 1994.
Paz, Octavio. *Libertad bajo palabra*. Madrid: Cátedra Letras Hispánicas, 1990.
Poesía compartida-Ocho poetas cubanos. Miami: Ultra Graphics, 1980.
Poesía compartida-Quince poetas latinoamericanos de hoy. Montevideo, Uruguay: Ediciones La Urpila, 1983.
Poesía cubana contemporánea. Madrid: Editorial Catoblepas, 1986.
Prado, Pura del. *Color de Orisha*, Barcelona: Ed. Campos, 1972
_____ *Idilio del girasol*. Barcelona: Ed.Vosgos, 1975.
_____ *Otoño enamorado*. Barcelona: Ed. Campos, 1972.
_____ *La otra orilla*. Plaza Mayor, Madrid, 1972.
_____ *El vendaje*. (Inédito).
_____ *Sonetos dominicales* (Inédito).
_____ *La otra orilla*. Madrid: Ediciones Plaza Mayor, 1972.

Remos, Juan J. *Proceso histórico de las letras cubanas*. Madrid: Ed. Guadarrama, S.L., 1958.
____ *Historia de la literatura cubana*. Vol II. La Habana: Cárdenas y Cía., 1945. reimp. Miami: Mnemoysne, 1969.
Reyes, Alfonso. *Obras completas*. México: Fondo de Cultura Económica, 1955-1991.
Rodríguez, Ana Lázara. *Diario de supervivencia-Diary of a Survival*. New York: Martin's Press, 1995.
Rodríguez, Isabel. *Sin tiempo ni distancia*. Miami: Ediciones Universal, 1990.
Rodríguez Santos, Justo. *Los naipes conjurados*. Madrid: Ed. Playor, 1979.
Roque, Marta Beatriz. *"La Patria es de todos"*. Manifiesto difundido en Cuba el 16 de julio de 1997.
Rossardi, Orlando. *El diámetro y lo estero*. Madrid: Ed. Ágora, 1964.
____ *Que voy de vuelo*. Madrid: Ed. Plenitud, 1970.
____ *Los espacios llenos*. Madrid: Ed.Verbum, 1991.
____ *Libro de las pérdidas*. Valencia, España: Aduana Vieja, 2008
____ *Los pies en la tierra*. Madrid: Ed.Verbum, 2006.
____ *Memoria de mí*. Madrid: Betania, 1996.
____ *Canto en la Florida*. Valencia, España: Aduana Vieja, 2010
Santos Chocano, José. *Los cien mejores poemas*. México: Aguilar, 1971.
Santovenia, Emeterio., y Raúl Shelton. *Martí y su obra*. Miami: Educational Publishing Corp., 1970.
Sarracino, Rodolfo. *"José Martí en el Club Crepúsculo de New York: en busca de la Patria de Lincoln."* Open Library/org
Subirá, Salvador. *Don Sinsonte de la Palma*. Miami: Ed. Universal, 1987.
The American Tradition in Literature. Ed. Bradley-Beatty-Long-Perkins, 4th ed, New York: Grosset & Dunlap, 1974.
The New Columbia Encyclopedia. New York: Columbia: University Press, 1975.
Valdés, Zoé. *La nada cotidiana*. Barcelona: Emecé Editores, 1995.
Valero, Roberto. *Dharma*. Miami: Ediciones Universal, 1985.
Vallejo, César. *Los heraldos negros*. Buenos Aires: Ed. Losada, 1969.

ÍNDICE

Palabras iniciales / 5

Walt Whitman y José Martí / 9
Asomándonos a Alfonso Reyes / 17
Una mirada a Lucila Godoy Alcayaga: Gabriela Mistral / 25
Agustín Acosta: el hombre y el poeta / 40
Lucas Lamadrid: intensidad, erotismo y esdrújulas protagónicas / 53
Adela Jaume: la voz casi olvidada / 72
La voz poética de Pura del Prado / 80
Lo criollo en Don Sinsonte / 96
La Isla en tres voces femeninas del Siglo XX / 101
Un acercamiento al temblor de luz de Elena Iglesias / 110
Poesía de amor y de combate / 115
La otra voz de Orlando Rossardi / 121

Poesía de exilio / 130
La literatura en exilios históricos de la América Hispana
y su interrelación con la cultura estadounidense / 139
El hilo conductor en la censura, el exilio y la auto-censura / 149
Entorno y auto-censura en escritoras cubanas del exilio / 157
La libertad en voces femeninas de la literatura cubana a cien
años de la instauración de la República / 162

Sobre *La belleza y lo sublime* de Edmund Burke / 170
Una mirada al judaísmo, los profetas y las profecías / 176

Obras citadas y consultadas / 186

**Impreso en los Estados Unidos de América
Enero de 2012**

*A mis hijos y a los hijos de mis
compatriotas nacidos en el destierro.*

Reconocimiento

A mi esposa Gilda por su valiosa cooperación.

A mi estimado y distinguido amigo Dr. Luis J. Botifoll, Chairman del Republic National Bank of Miami, por el entusiasta estímulo que me ofreció en todo momento y por su interés en la publicación de mis artículos en este libro.